感谢中国博士后科学基金项目（2021M700985）、武汉市知识创新专项基础研究项目（2023010201010120）的资助。

绿色发展视域下数字经济产业集聚机理、效应及路径研究

李 平 著

中国金融出版社

责任编辑：曹亚豪
责任校对：孙　蕊
责任印制：陈晓川

图书在版编目（CIP）数据

绿色发展视域下数字经济产业集聚机理、效应及路径研究 / 李平著 . -- 北京 : 中国金融出版社，2024. 12. --ISBN 978-7-5220-2499-8

Ⅰ. F492. 3

中国国家版本馆 CIP 数据核字第 2024U6J877 号

绿色发展视域下数字经济产业集聚机理、效应及路径研究
LÜSE FAZHAN SHIYUXIA SHUZI JINGJI CHANYE JIJU JILI，XIAOYING JI LUJING YANJIU

出版发行　中国金融出版社

社址　北京市丰台区益泽路 2 号
市场开发部　(010)66024766，63805472，63439533（传真）
网 上 书 店　www. cfph. cn
　　(010)66024766，63372837（传真）
读者服务部　(010)66070833，62568380
邮编　100071
经销　新华书店
印刷　涿州市般润文化传播有限公司
尺寸　169 毫米×239 毫米
印张　10. 5
字数　201 千
版次　2024 年 12 月第 1 版
印次　2024 年 12 月第 1 次印刷
定价　89. 00 元
ISBN 978-7-5220-2499-8

摘要

绿色化和数字化是当今时代发展的两大重要主题，从全局、长期和战略高度来看，数字经济和绿色经济融合发展是经济社会高质量发展的内在属性和本质要求。注重绿色发展与数字化转型的有机结合、协同共进，既让绿色发展目标助力数字经济产业集聚，也使数字经济集聚赋能绿色发展，这是破除新旧动能转换约束和摆脱经济发展粗放型增长方式的关键举措。数字经济作为一个新生业态，其产业集聚是否能够推动中国绿色发展尚缺乏足够的论证支持。

本项研究依托数字化和绿色化双转型的战略大背景，以问题导向为原则破题数字经济产业集聚赋能绿色发展，但区别于仅仅从单向维度考察数字经济集聚对绿色化发展作用机理及效应的研究范式，该项研究同时还聚焦数字经济与绿色发展融合共生角度来考察数字经济产业集聚路径优化问题。总体研究上遵循“提出问题—分析问题—解决问题”的行文逻辑，具体研究思路为：(1) 数字经济产业集聚与绿色发展理论分析框架构建；(2) 绿色发展视域下数字经济产业集聚态势及特征分析；(3) 数字经济产业集聚的绿色发展效应实证分析；(4) 数字经济集聚与绿色发展共生融合的典型案例探析；(5) 数字经济产业集聚助力绿色高质量发展目标模式与路径分析。

通过分析，本研究获得以下几个方面发现：

第一，综合分析各省份的数字经济产业集聚水平和与上年的变化情况，不难发现，不同的省份，其优势与其他省份的数字经济产业集聚模式不同，并且每个省份均有其大力推进的数字经济产业集聚模式。但与此同时，各个省份所大力推进的数字经济产业集聚模式可能与其现阶段优势及其他省份的数字经济产业集聚模式并不相同；通过对比两种产业集聚模式下四大区域数字经济产业集聚水平可知，不同经济发展水平的区域，其优势与其他区域的数字经济产业集聚模式不尽相同。同时，因区域经济水平的差异，各区域数字经济产业发展阶段和发展情况也存在差异，使得不同区域同一集聚模式下的数字经济产业集聚水平的发展态势不尽相同，同一区域不同集聚模式下的数字经济产业集聚水平的发展态势也不尽相同。此外，通过计算区域的数字经济产业集聚水平可以发现，2007—2020 年，华北地区、东北地区和西南地区的数字经济产业专业化集聚一直处于较高水平，华东地区和中南地区的数字经济产业专业化集聚水平则相对较低。但在低水平的数字经济产业专业化集聚下，华东地区却拥有远高于其他区域的数字经济产业多样化集聚水平。与之形成鲜明对比的是，华北地区和东北地区的数字经济产业多样化集聚水平则基本处于末两位，与其数字经济产业专业化集聚排名情况也大相径庭。除此之外，我国具有数字经济产业专业化集聚发展优势和数字经济产业多样化集聚发展优势的区域也存在差异，并在一定程度上相对立。同时，从数字经济产业集聚发展趋势看，华北地区、华东地区、中南地区、西南地区和东北五个区域的数字经济产业专业化集聚的发展趋势并不明显。由此可见，除了区域间经济水平的差异会影响区域数字经济产业集聚水平外，区域间地理位置的差异也会对区域数字经济产业集聚产生影响。而处于不同地理位置的区域，其优势与其他区域的数字经济产业集聚模式也存在一定差异。同时，在不同的数字经济发展阶段，同一集聚模式下的数字经济产业集聚水平不同。另外，政府的支持政策会促进数字经济产业集聚向适合现阶段数字经济产业发展的集聚模式变化，从而充分发挥数字经济产业集聚对数字经济及数字经济产业的促进作用。最后，目前我国部分地区已经开始尝试践行数字经济产业集聚的发展，并将绿色发展融入其中，主要包括“技术创新+数字经济产业集聚”的绿色实践模式和“低碳能源+数字经济产业集聚”的绿色实践模式。

第二，通过构建空间杜宾模型和中介效应模型分析研究了数字经济核心产业集聚绿色发展的空间效应和内在作用机制，研究结果有：一是数字经济核心产业集聚对本地二氧化碳的排放具有显著抑制作用，随着本地数字经济核心产业集聚程度的加深，本地二氧化碳排放量会随之减少。二是数字经济核心产业集聚会显著影响相邻地区的二氧化碳排放。其中，数字经济核心产业专业化集聚对二氧化碳排放具有正向的空间溢出效应，而数字经济核心产业多样化集聚则会抑制相邻地区的碳排放，这是由于专业化程度的加深会诱发“技术锁定”效应，从而阻碍了区域间技术流通，继而使得相邻地区碳排放量增加。三是数字经济核心产业集聚主要通过能源消费结构、产业结构优化升级和技术创新机制影响区域碳排放，进而要加快产业数字化转型步伐，并借助政策引导实现数字经济核心产业绿色发展和高质量集聚，同时须调整优化数字经济核心产业布局和集聚模式进行合理的规划与布置；此外，要注重数字经济核心产业集聚对碳排放的空间效应，并加强区域间合作交流；最后则要强化技术创新，提高能源使用效率。

第三，从总体来看，目前国内数字经济核心产业集聚区绿色化发展成效显著，其绿色化实现过程主要源于三方面：一是产业数字化发展的外部性效应。数字经济产业发展对传统产业进行了数字化赋能改造，在追求更高发展竞争力的过程中提高了产业发展效率、降低了产业能耗，带来了绿色化外部性效应。二是数字核心产业集聚区自然地理特征优势带来的绿色化。数据中心作为数字经济产业的重要组成部分，其耗能特征是产业发展的主要问题，而在我国数字经济发展布局中，呈现了“东数西算”的基本格局，西部地区利用自身温度、水电优势降低了产业能耗，实现了数字经济产业本身的绿色化发展。三是产业发展过程中人为干预的绿色化。贵州省、四川省在数字经济发展过程中，皆提出了绿色专项行动或绿色化发展指导意见，通过改进信息技术、合理产业布局、实施碳减排方案等措施稳步推进绿色化发展进程。

从长远来看，在我国数字经济发展过程中，与绿色化发展的融合效应越来越明显，已逐步确立了基本方向，但具体发展成效还有待进一步检验。同时，如何缩小与发达国家在数字经济绿色化水平上的差距，仍是我们需要进一步探索求证的现实课题。

第四，首先从规模化及绿色化助力高质量发展、制度优化与完善的需求、能源消费调整和高效利用、绿色低碳技术变革、产业组织结构的绿色转型等五个方面分析了数字经济产业集聚动因，并从数字经济国家战略、结构优化动力、技术创新与国际合作等维度剖析了数字经济产业集聚的机遇，进而明确了数字经济产业集聚与绿色发展融合面临的数字经济产业粗放式布局、关键绿色低碳数字技术面临“卡脖子”、数字经济发展不平衡导致能耗绿色转型不同步、国际冲突不确定风险等多重问题与挑战。随后，在绿色视域下分析了数字经济产业集聚助力经济、生态和社会发展目标的有效实现，从而系统分析了专业化集聚、多样化集聚、政府主导型和市场主导型产业集聚等当前较为可行且成熟的模式；进而从数字经济产业结构绿色化、科技创新助力绿色科技技术供给能力提升、促进数字经济产业集聚区节能减排、提升数字经济环境承载力、提高数字经济产业集聚区生态安全水平和健全数字经济绿色治理制度化体系等方面提出了绿色发展视域下数字经济产业集聚实施路径及优化举措。

目 录 | Contents

1 导 论

1.1 研究背景

绿色化和数字化是当今时代发展的两大重要主题，从全局、长期和战略高度来看，数字经济和绿色经济协同推进是经济社会高质量发展的内在属性和本质要求。在“双碳”推进中需要积极发展数字经济，数字经济反过来又会促进“双碳”目标实现，最终都有助于推动经济社会的高质量绿色发展，两者是相辅相成的关系。习近平总书记高度重视绿色发展，自党的十八大以来，总书记站在中华民族永续发展的高度对绿色发展理念进行了系统阐述，强调要建立健全以产业生态化和生态产业化为主体的生态经济体系，进而彰显了绿色发展的“全球观”“思想观”“实践观”“系统观”。2012 年至 2021 年，我国生产生活方式和生态环境发生根本性变化，以年均 3%的能源消费增速换来年均 6.5%的经济增长，累计能耗强度下降 26.2%，是世界上能耗强度降幅最快的国家之一。与此同时，习近平总书记对近年来蓬勃兴起的数字经济也极为重视，总书记在中共中央政治局第三十四次集体学习时强调“促进数字技术与实体经济深度融合，赋能传统产业转型升级，催生新产业新业态新模式，不断做强做优做大我国数字经济”。推动形成绿色发展方式和生活方式，落实“双碳”战略目标，是一场深刻革命，除了依靠制度创新外，还有赖产业支撑和技术驱动。其中，数字经济作为一种创新、可持续、绿色的高质量发展范式，在支持产业低碳转型和经济社会健康发展方面作用越发凸显，并在疫情防控及后疫情时期展现出强大的发展韧性和抗冲击能力，突出表现在稳市场、保就业、促消费等方面展现出的中流砥柱作用，力促我国成为全球经济下行中逆势上扬的主力军。有关数据统计显示，2021 年我国数字经济规模同比增长 16.2%，总量高达 45.5 万亿元，占 GDP 比重已接近 40%。

事实上，自“十三五”以来，我国政府出台的一系列数字经济产业支持政策在充分发挥数字经济在生产要素配置中的优化与集成作用，促进绿色全要素生产率提升，进而推动数字经济生态化和生态经济数字化等方面已取得显著成效，其中2022年1月《国务院关于印发“十四五”数字经济发展规划的通知》从全局和战略的高度，对建立健全和完善数字经济治理体系作出全面部署，这对培育健康且繁荣的产业发展生态，促进我国数字经济持续、高效、安全发展具有重要意义。近年来关于数字经济产业支持政策的重要内容和表述见表1-1。

表1-1　近年来关于数字经济产业支持政策的部分相关内容

部分相关内容
要大力发展数字经济，提升常态化监管水平，支持平台企业在引领发展、创造就业、国际竞争中大显身手
加快发展数字经济，促进数字经济和实体经济深度融合，打造具有国际竞争力的数字产业集群
建立由国家发展改革委牵头的数字经济发展部际联席会议制度
要主动顺应经济社会数字化转型趋势，充分释放数字化发展红利，进一步加大力度，改革突破，创新发展，全面开创数字政府建设新局面
“十四五”时期，我国数字经济转向深化应用、规范发展、普惠共享的新阶段
把握数字经济发展趋势和规律，推动我国数字经济健康发展
要加快健全市场准入制度、公平竞争审查机制、数字经济公平竞争监管制度、预防和制止滥用行政权力排除限制竞争制度等
数字经济是世界经济发展的重要方向。全球数字经济是开放和紧密相连的整体，合作共赢是唯一正道，封闭排他、对立分裂只会走进死胡同
智能制造取得长足进步，人工智能、数字经济蓬勃发展，图像识别、语音识别走在全球前列，5G移动通信技术率先实现规模化应用
充分发挥海量数据和丰富应用场景优势，促进数字技术与实体经济深度融合，赋能传统产业转型升级，催生新产业新业态新模式，壮大经济发展新引擎
提出要加快推进产业数字化转型，壮大实体经济新动能，培育产业平台化发展生态，加快传统企业数字化转型步伐
培育数字经济新业态，深入推进企业数字化转型，打造数据供应链，形成产业链上下游和跨行业融合的数字化生态体系
加快培育数据要素市场，推进政府数据开放共享，提升社会数据资源价值，加强数据资源整合和安全保护
以新一代信息技术与应用为支撑，以提升中小企业应对危机能力、夯实可持续发展基础为目标，集聚一批面向中小企业的数字化服务商，培育推广一批符合中小企业需求的数字化平台、系统解决方案、产品和服务，增添发展后劲，提高发展质量

续表

部分相关内容
包含新型基础设施建设、融合创新应用、安全保障体系、创新发展动能、产业生态布局、产业政策支持 6 大领域共 20 项举措
推进数字政府建设，加强数据有序共享，依法保护个人信息
支持浙江省、河北省（雄安新区）、福建省、广东省、重庆市、四川省 6 个试验区，在数字经济要素流通机制、新型生产关系、要素资源配置、产业集聚发展模式等方面开展大胆探索，充分释放新动能
在实体经济中大力推广应用物联网、大数据，促进数字经济和数字产业发展，深入推进智能制造和服务型制造
加强应用基础研究，拓展实施国家重大科技项目，突出关键共性技术、前沿引领技术、现代工程技术、颠覆性技术创新，为建设科技强国、质量强国、航天强国、网络强国、交通强国、数字中国、智慧社会提供有力支撑
数字经济分为数字产业化和产业数字化
把大数据作为基础性战略资源，全面实施促进大数据发展行动，加快推动数据资源共享开放和开发应用，助力产业转型升级和社会治理创新
宽带应用深度融入生产生活，移动互联网全面普及；技术创新和产业竞争力达到国际先进水平，形成较为健全的网络与信息安全保障体系
必须进一步增强紧迫感，采取更加有力的政策措施，大力推进信息化发展，切实保障信息安全

注：资料来源于政府各部门官网，笔者进行了整理。

1.2 问题的提出

进入新发展阶段，随着发展的内外部环境及其模式的深刻变化，贯彻新发展理念必然要求构建新发展格局。一方面，建设现代化经济体系，经济社会发展必须充分依靠科技创新厚植发展优势，形成由传统动能驱动转向数字经济新动能驱动的新格局；另一方面，推动经济社会全面绿色转型，必须坚持五大发展理念，以降碳、减污、扩绿、增长为抓手，协同推进经济高质量发展和资源可持续利用新格局。也就是说要注重绿色发展与数字化转型的有机结合、协同共进，既让绿色发展目标助力数字经济产业集聚，也使数字经济集聚赋能绿色发展，这是破除新旧动能转换约束和摆脱经济发展粗放型增长方式的关键举措。值得注意的是，当前我国数字经济产业集聚效应渐显，已形成京津、长三角、珠三角、成渝、两湖等差异化发展的创新集聚区域，带动本地市场与相邻地区向集约化、规模化方向纵深发展，这呈现的是产业集聚的积极效益，在理论和实践层面获得的关注较多。与此同时，数字经济产业集聚也伴随着资源供求失衡和生态环境外部性等消极层面的影响，这也不容忽视。“低碳化”甚或“零碳化”是高质量绿色发展的重要目标，同样被数字经济追求，成为构建数字经济健康可持续发展的重要指标。然而，部分地方将数字经济当作推进绿色高质量发展“免费”的灵丹妙药，在产业降碳中广泛贴上数字经济标签，尽管初衷较好，但并没有意识到数字经济本身也是碳排放的重要来源。更有甚者将数字经济直接等同于“低碳”甚至“零碳”，超常规布局和发展“三新”经济，这种盲动式扩张似乎遗忘了数字经济其实是建立在消耗大量电力前提上的。

事实上，数字经济并不是零碳，甚至是耗电大户。例如，云计算、区块链、数据中心等运行要耗费各种资源，带来较多碳排放。据统计，目前数据中心的用电量占全球总用电量的 1%~2%，而 2021 年我国数据中心整体用电量达到 2166 亿千瓦时，约占全社会用电量的 2.6%，显著高于全球数据中心耗电占比。同时，数字产品和设备的生产也无法做到零碳，台积电一年耗电量 200 亿千瓦时，超过深圳常住居民一年的用电量。这也从侧面了解到，对“零碳”概念片面认识易将数字经济作为实现“零碳”目标的普适良药，在“双碳”监督考核上实现“一刀切”，容易诱发低效重复性投资、资源配置失序，更有甚者还会造成经济波动风险。另外，目前数字化赋能减碳在我国三次产业中的渗透水平并不一致，其中服务业渗透率要明显高于第一、第二产业，然而我国的碳排放和减排潜力较多聚焦于第一、第二产业，加之数字基建发展不均衡干扰降碳步调，数字化核心技术对外依存度高，关键技术不可控，深受逆全球化、西方科技打压影响，已部分传导至降碳减排领域等问题，都关系到数字经济产业布局及优化的问题，处理不好都将影响“双碳”战略进程，对绿色发展目标实现不利，这些内容都值得重视。

总体来看，数字经济作为一个新生业态，其产业集聚是否能够推动中国绿色发展尚缺乏足够的论证支持。那么，数字经济产业集聚机理及具体效应究竟如何？如何强化带来正效应的路径，同时消解数字经济产业集聚带来的负向效应，进而为贯彻新发展理念，实现区域与经济社会绿色高质量发展？回答上述问题，非常有必要对我国绿色发展视域下数字经济产业集聚态势及特征分析进行系统总结梳理，从历史与现实维度明晰其发展态势、特征及不足，并对典型的数字经济核心集聚与绿色发展融合案例开展分析论证，进而调整数字经济产业集聚绿色化目标和模式，优化数字经济产业集聚绿色化路径，提高绿色发展视域下数字经济产业集聚效率和水平。当然，除此之外，为切实发挥数字经济产业集聚在赋能绿色发展中的作用，防止机制设计与实际情况出现背离，以下问题需要深入思考：（1）数字经济产业集聚与绿色发展融合的理论分析框架设计如何开展？背后有着怎样的行为逻辑？（2）数字经济产业集聚的绿色发展效应如何？在时空上如何传导及体现？（3）有什么成熟经验可以借鉴，如何实现落地和本土化？（4）数字经济产业集聚的绿色化发展路径分析中，如何进一步明确数字经济产业集聚绿色化的机遇与挑战、目标及模式，进而给出数字经济产业集聚赋能绿色化实现的路径？上述内容的回答既是本文选题的重要缘由，也构成了全文研究内容的主体部分。

1.3 研究对象与概念界定

本项研究在全面贯彻新发展理念，大力推动数字经济高质量发展的背景下，以数字经济产业集聚为研究对象，探讨绿色发展理念下其集聚的机理、效应及路径等内容，以期为加速推进数字经济产业集聚，实现数字经济与绿色发展协同共进提供更多新的佐证，这是一个具有时代性与实践性的研究话题。综合应用产业组织和共生理论等学科知识构建绿色发展理念下数字经济产业集聚机理及效应的理论逻辑分析框架；重点分析时空维度上，我国数字经济产业发展状况、集聚态势及绿色实践情况；论证数字经济产业集聚的绿色效应；探讨数字经济产业集聚促进绿色化发展典型案例的主要特点和经验；最后是基于相关分析论证，结合数字经济产业集聚绿色化机遇与挑战、目标与模式进一步阐述，进而给出数字经济产业集聚赋能绿色化的优化路径。

1.3.1 数字经济

数字经济顾名思义就是基于数字技术的经济。“数字经济”一词最早出现在20世纪90年代，其中在美国学者唐·塔斯考特1996年出版的《数字经济：网络智能时代的前景与风险》一书中阐述了计算机和互联网等技术方面的创新对商业行为的影响。此后在1998年，美国商务部发布报告《浮现中的数字经济》，该报告将数字经济的特征描述成“互联网是基础设施，信息技术是先导，信息产业是支柱，电子商务是增长发动机”。2002年，美国学者金范秀认为数字经济本质上就是将商品和服务以信息化形式进行交易。不难发现，早期的数字经济多被描述为因特网对商业经济行为的影响，与此同时，彼时信息科技被视作赋能经济发展但尚未造成颠覆性影响的技术手段。随着信息技术不断进步，兴起的数字经济特征机制和潜在影响越发得到关注，数字经济的内涵、外延有了质的突破，其中2016年G20杭州峰会倡议中对其界定广受关注，即数字经济是将数字化的知识和信息作为关键要素、以现代信息网络作为主要载体、以信息通信技术的利用作为效率增进和产业结构优化重要驱动因素的一系列经济活动。

此后，《数字经济及其核心产业统计分类（2021）》关于数字经济概念的界定大体沿用了G20杭州峰会的表述，并将“以使用数字化的知识和信息作为关键生产要素”的表述修订为“以数据资源作为关键生产要素”，这一改变在《中共中央 国务院关于构建更加完善的要素市场化配置体制机制的意见》中得以明确体现。上述界定得到越来越多理论与政策研究者的认可，满足社会各界对数字经济的统计需求奠定了国家标准，更重要的是为中国数字经济核算、投入产出分析等提供了统一可比的统计口径和范围。此后的《“十四五”数字经济发展规划》更是将信息通信技术使用拓展到“信息通信技术融合应用、全要素数字化转型”，越发重视产业与技术融合，并为数字经济产业发展设立了促进公平与效率更趋统一的目标，这是对当前数字经济发展中的部分现实问题的有力回应。数字经济分为数字产业化和产业数字化两个主要方面。数字产业化主要涉及信息技术相关产业的发展，产业数字化则是借助于新一代信息技术对传统产业及产业链条进行数字化改造。总体来讲，数字化的社会及环境是数字经济产业增长的土壤，同时，数字基建和传统设施的数字化转型成为数字经济发展的前提，此外信息技术引领、数据资源开放融合、包容普惠是数字经济的主要特征。当前，国际社会对于数字经济的概念和统计分类的标准还没能达成一致，基于研究的需要，本项研究主要采纳了国家统计局的界定内容，同时也重点参考了中国信息通信研究院《中国数字经济发展白皮书》中相应的表述。数字经济概念的不同界定见表1-2。

表1-2 数字经济概念的不同界定

具体界定内容
计算机和互联网发生的变革对商业行为的影响
互联网是基础设施，信息技术是先导，信息产业是支柱产业，电子商务是增长发动机
本质上就是将商品和服务以信息化形式进行交易
以使用数字化的知识和信息作为关键生产要素、以现代信息网络作为重要载体、以信息通信技术的有效使用作为效率提升和经济结构优化的重要推动力的一系列经济活动
将“以使用数字化的知识和信息作为关键生产要素”的表述修订为“以数据资源作为关键生产要素”

续表

具体界定内容
是继农业经济、工业经济之后的主要经济形态，是以数据资源为关键要素，以现代信息网络为主要载体，以信息通信技术融合应用、全要素数字化转型为重要推动力，促进公平与效率更加统一的新经济形态
以数字化的知识和信息作为关键生产要素，以数字技术为核心驱动力量，以现代信息网络为重要载体，通过数字技术与实体经济深度融合，不断提高经济社会的数字化、网络化、智能化水平，加速重构经济发展与治理模式的新型经济形态

注：笔者根据相关文献资料收集整理而得。

1.3.2 产业集聚

产业集聚也有学者称为产业集群，一般指的是某类特定产业及相关产业或分属不同类产业在特定地域范围上的地理集中，并表现出产业资本要素在空间范围内逐步汇聚的动态过程。产业集聚问题的研究发端于19世纪末期，其中马歇尔于1890年开始关注工业集聚的现象，创设外部经济理论，进而对产业集聚开展论证分析，并阐述了“内部经济”和“外部经济”两个重要概念，而产业集聚主要同外部经济模式有关。马歇尔外部经济理论还认为产业集聚将带来人力资源共享、产业分工细化和技术溢出效应等三种竞争优势，其中前两种均属于规模的外部性，涉及规模和结构，后一种是技术的外部性。本项研究总体上遵循了马歇尔的外部经济理论，并借此解释绿色发展视域下数字经济产业集聚的机理及效应问题。此后还产生多角度论述产业集聚的经济动因和模式的相关理论，其中以韦伯的工业区位论、熊彼特的创新产业集聚论、胡佛的产业集聚最佳规模论、克鲁格曼和藤田昌久等人为代表的新经济地理学理论和波特新竞争经济学理论等均受到一定重视。

1.3.3 数字经济产业集聚

数字经济产业集聚作为一种经济组织形式，仍是一个较新的概念，目前理论与实践界说法并不严格统一。据不完全统计，相关文献和政府文件中即有“数字产业集聚”“数字产业集群”“数字产业集聚发展”“数字经济（产业）集聚区”和“数字经济产业集聚高地”等略有不同的表述。但总体来看，数字经济产业集聚既是一个产业、规模及其结构概念，也是一个技术概念，同时还是一个地理空间概念，体现为三者的融合。鉴于本项研究开展的目的，在遵循数字经济和产业集聚相应界定基础上，研究中将数字经济产业集聚定义为“数字经济产业及关联产业在特定地域范围上自发或人为引导所形成的地理集中，并表现出资本（含人力资本）、技术、制度、平台、设施等数字经济关键要素在空间上逐步汇聚的动态行动过程，具有规模、结构、技术和示范等效应和竞争优势”，在该概念界定下，实现绿色化发展是数字经济产业集聚重要目标之一。数字经济产业集聚相关表述见表 1-3。

表 1-3　数字经济产业集聚相关表述

表述内容
数字产业集聚
数字产业集群
数字产业集聚（集群）发展
数字产业集聚区
数字经济集聚发展
数字经济产业集聚
数字经济产业（核心）集聚区
数字（经济）产业集聚高地
数字经济创新集聚区
数字创意产业集聚区
数字经济示范区

注：根据相关文献和文件资料收集整理而得。

1.3.4　绿色发展

人类的发展观念经历了“黑色发展”“可持续发展”以及“绿色发展”等主要阶段。早期农业文明迈入工业文明所实现的增长，具备过度消耗自然资源且严重威胁到全球生存环境的典型特征。1987 年提出的可持续发展理念着重强调人与自然和谐共生，进而成为国际理论与实践界的广泛共识。可以说绿色发展理念的理论思想来源既包括古人“天人合一”的基本思想，也包括自然辩证法对立统一的思想，还是对可持续发展理念的继承和超越，体现符合中国国情和文化传统的原创性理论贡献，其演进规律符合历史的潮流。基于本项研究开展的目的，在充分吸纳《1844 年经济学哲学手稿》、可持续发展理论、“两山”理念、绿色发展系统理论与相关实践基础上，研究中将“绿色发展”定义成“以效率、和谐、可持续为目标的经济增长和社会发展方式，成为众多经济体推动产业结构调整的关键举措。绿色发展以科学消费、节能减排、生态价值不断增长和实现为主要特征，以绿色化创新为根本途径，以积累绿色财富和增加人类福利为基本目标，更是可持续发展、科学发展以及人与自然和谐共生发展”。在该概念界定下，绿色发展是促进数字经济产业集聚的逻辑起点和重要目标归宿，研究中重点关注了数字经济产业布局调整与碳排放的关系、数字经济产业集聚绿色局部实践、数字经济产业集聚与绿色发展协同共进的机遇挑战、目标模式及优化路径等问题。

1.4 研究意义和目的

1.4.1 理论意义及目的

实现碳达峰、碳中和目标，坚持发展绿色低碳经济，是破解资源环境约束问题、实现可持续发展的必由之路，更是中国践行人类命运共同体理念的生动实践，这已形成广泛认同。圆满达成“双碳”目标，需要全社会的广泛参与和协作，而加快数字技术应用、促进数字化转型无疑是关键的赋能手段。当前，加强数字经济发展上升为国家战略，数字经济已成为我国经济高质量发展的重要引擎和驱动绿色发展的重要动能，并日益融入经济社会发展各领域和全过程。根据对相关文献的梳理发现，数字经济多作为赋能经济社会发展的重要要素，论证其促进经济增长的机制及效应，而从其产业集聚维度开展的研究还较少，为此，数字经济产业集聚的研究尚属新内容和新范畴。本项研究探析了数字经济产业布局对绿色高质量发展的影响机制，除分析数字经济对本地市场规模、结构和技术调整所引致的直接效应外，还纳入了相邻地区数字经济的空间溢出效应的考量。总体来看，研究主要依托于产业集聚的外部性理论，从直接效应和间接效应两方面论证了数字经济产业集聚作用于绿色发展的机制和效应，进而还借助产业共生分析范式，探究了数字经济产业集聚与绿色发展协同推进的可行路径。基于此，研究是对数字经济产业理论文献的丰富和拓展，也能为数字经济产业集聚与绿色发展深度融合的机制和政策设计提供学理支撑，体现出一定的理论价值。

1.4.2 现实意义及目的

在数字化和绿色化双双加快转型的大形势下，经济社会高质量发展面临难得的机遇，与此同时也意味着更多挑战，一方面需要发挥技术创新的优势，通过加快融合数字化变革趋势，应用好新型数字化技术；另一方面也要发挥好政策制度优势，充分激发数字化与绿色化发展协同推进的内在动力。可以说数字经济发展与“双碳”目标的实现过程互为支撑，内在目标与逻辑一致，两者融合发展相得益彰。当前，数字经济与低碳减排的关联性认识逐步增强，实践中通过数字经济产业布局赋能节能减碳增效的情形也变得较为常见，包括农业、工业和服务业领域都有着广泛的应用前景，可以说数字经济与绿色融合发展有了更多的现实基础。为此，加快数字经济集聚发展，尽可能发挥其正外部效应，不仅是对绿色发展理念的坚实贯彻，也能推进经济社会绿色高质量发展，为顺利实现“双碳”战略既定目标增添新动能。与此同时，数字经济产业集聚有利于集约化和规模化发展，促进有序的区域竞争，进而伴随着要素配置结构、资源消耗和污染物排放强度及生态环境质量指标的变化，继而对绿色低碳生产生活行为方式的形成带来一定影响。此外，数字经济产业集聚在空间上也呈现出不同强度的集聚趋势，这种现象与地区之间的市场规模扩张、产业结构重构、正向技术溢出和示范引导等方面有很强的联系，适宜的数字经济产业集聚水平对于引领区域绿色高质量发展具有重要的现实意义。鉴于上述分析，通过明晰数字经济产业集聚与绿色发展间的逻辑关系，有利于充分发挥数字经济产业集聚对经济可持续发展的引擎驱动作用，对于进一步推动经济数字化转型和产业布局优化、提高经济绿色发展质量，具有较强的现实指导价值。

1.5 研究的思路、主要目标、重难点及研究方法

1.5.1 研究的思路

本项研究依托数字化和绿色化双转型的战略大背景，基于问题导向原则破题数字经济产业集聚赋能绿色发展，但区别于仅仅从单向维度考察数字经济集聚对绿色化发展作用机理及效应的研究范式，该项研究同时还聚焦数字经济与绿色发展融合共生角度来考察数字经济产业集聚路径优化问题。总体研究上遵循“提出问题—分析问题—解决问题”的行文逻辑，具体研究思路为：(1) 数字经济产业集聚与绿色发展理论分析框架构建；(2) 绿色发展视域下数字经济产业集聚态势及特征分析；(3) 数字经济产业集聚的绿色发展效应实证分析；(4) 数字经济集聚与绿色发展共生融合的典型案例探析；(5) 数字经济产业集聚助力绿色高质量发展目标模式与路径分析。

1.5.1.1 数字经济产业集聚与绿色发展理论分析框架构建

（1）核心概念界定。通过系统的理论与实践层面的梳理，厘清研究对象数字经济产业的边界范围，尤其对数字经济产业集聚这一核心概念的内涵进行科学界定，同时也要对绿色发展、碳排放等基础概念形成统一认识。

（2）作用机理分析。依托于产业集聚的外部性理论，从直接效应和间接效应两方面阐述数字经济产业集聚作用于区域绿色发展的机制，此外还借助产业共生理论范式，探究了数字经济产业集聚与绿色发展协同推进的理论可行路径。

1.5.1.2 绿色发展视域下数字经济产业集聚态势及特征分析

（1）绿色发展视域下数字经济产业的发展现状。纳入绿色发展要素考量，拟从产业规模、产业结构、产业分布等方面系统梳理和分析我国数字经济产业整体发展现状。

（2）绿色发展视域下数字经济产业集聚水平测度。利用全国省域面板数据，运用基于数字经济产业从业人数的区位熵方法对我国数字经济产业集聚水平进行测度，并分省域和区域就数字经济产业集聚水平进行比较分析，进而从时序变化、动态演进、空间分异、空间关联等角度总结数字经济产业集聚时空特征。

1.5.1.3 数字经济产业集聚的绿色发展效应实证分析

（1）鉴于无论是在理论上还是实践上都形成以下共识，即节能减排，尤其是减少化石能源碳排放量是绿色发展的关键性约束指标和目标，同时考虑到研究论证数据的可获得性和合理性，碳排放量被视作实证环节绿色发展替代性变量，继而本章内容采用《2006年IPCC国家温室气体清单指南》[①] 所披露的有关碳排放计算的指标和系数估算各省份碳排放量，并明确了该指标变化的时空特征。

（2）效应实证分析。首先，在理论分析及研究假设设定基础上，通过空间面板模型对数字经济产业集聚影响区域碳排放量（绿色发展）的大小和作用方向进行检验；其次，对空间面板计量模型回归结果进行直接效应和间接效应的分解，以识别数字经济产业集聚及作用于区域碳排放量的空间溢出效

① 政府间气候变化专门委员会（IPCC）。

应，分析各区域间的空间关联影响；再次，利用数字经济核心产业专业化集聚、多样化集聚以及各控制变量的滞后一期构建空间杜宾模型对内生性问题进行检验；最后，纳入能源消费结构、产业结构和技术创新考量，并采用因果逐步回归法进行进一步机制分析。

1.5.1.4 数字经济集聚与绿色发展共生融合的典型案例探析

通过案例分析的方式，探索绿色发展视域下数字经济产业集聚国内局部实践，系统剖析了东部地区的浙江杭州及西部地区的贵州贵阳和四川等地，如何在贯彻绿色发展理念下开展数字经济产业集聚及发展。

1.5.1.5 数字经济产业集聚助力绿色高质量发展目标模式与路径分析

结合梳理分析结果、实证和案例论证的有关结论，从数字经济产业集聚赋能绿色发展的机遇和挑战，和数字经济产业集聚绿色化目标与模式分析，以及数字经济产业集聚与绿色化融合发展路径探究方面，对各地充分发挥数字经济产业集聚绿色效应，最终实现高质量绿色发展目标提出政策设计的意见和建议。

1.5.2 研究主要目标

目标1：借助于产业外部性和产业共生理论，从学理上厘清数字经济产业集聚与绿色发展融合的作用机制，构建起全文统一的研究分析框架。

目标2：借助于描述性统计及区位熵等方法，全面系统把握绿色发展视域下数字经济产业发展情况，并从专业化和多样化方面明晰其集聚的时空特征。

目标3：借助于空间面板计量模型，从时空维度系统性论证数字经济产业集聚的绿色发展效应，并开展进一步的机制分析，形成机理分析和实证检验相统一的研究闭环。

目标4：在案例考察及论证分析基础上，明确数字经济产业集聚的绿色化发展机遇和挑战，和数字经济产业集聚绿色化发展的目标与模式，以及数字经济产业集聚与绿色化融合发展路径探究方面，进而合理设计数字经济产业集聚与绿色化协同共进的政策体系。

1.5.3 研究的重点和难点

1.5.3.1 研究重点

（1）构建起数字经济产业集聚与绿色发展协同共进的理论分析框架。回答该问题是本文研究的核心内容，意在构建全文的理论分析框架。在研究背景、目的意义、文献梳理及关键概念界定基础上，借助于产业外部性和产业共生理论，从直接效应和溢出效应两方面探究数字经济产业集聚与绿色发展融合的作用路径，进而搭建数字经济产业集聚与绿色发展协同共进的理论分析机制，后续的实证检验、案例剖析及路径分析都建立在此理论机制构建基础上，进而形成一个完整的研究闭环。

（2）数字经济产业集聚的绿色化发展路径分析。这是研究的最终落脚点，也是全文应用价值的重要体现。结合描述统计、计量分析和案例研究所得到的相关结论，以及数字经济产业集聚的绿色化发展的机遇和挑战，和数字经济产业集聚绿色化的目标与模式系统梳理，明确数字产业集聚与绿色化融合发展路径，进而对我国各区域充分发挥数字经济产业集聚绿色价值、实现绿色发展提出对策建议。

1.5.3.2 研究难点

（1）数字经济产业发展描述分析和相关指标的测算。解决该问题是本文研究逻辑起点。首先，在厘清数字经济产业边界范围的情况下，纳入绿色发展因素考量，要从产业规模、产业结构、模式等方面分析我国数字经济产业整体发展现状。其次，利用全国省域面板数据，运用区位熵方法对全国省域数字经济产业集聚水平进行测度。最后，从时序变化、动态演进、空间分异、空间关联等维度总结数字经济产业集聚时空特征。此外，计量检验中的被解释变量（核心变量）还需要借助一定方法进行估算。为此数据是否齐备、指标体系和测算方法是否合理都需要引起重视，要明确较为权威的出处。

（2）数字经济产业集聚绿色发展效应实证分析。计量检验是全文实证分析的焦点内容之一。分析建立在前述作用机制搭建、描述分析和指标估算基础上，运用空间计量分析模型对数字经济产业集聚的绿色发展效应进行分析，系统验证数字经济产业集聚赋能绿色发展的理论机理与路径。验证方法和数据指标选取是否恰当、相关的检验和进一步机制分析是否到位都非常关键，研究时都需要审慎处理。

1.5.4 主要研究方法

1.5.4.1 文献分析法

系统回顾数字经济发展与绿色发展的相关的国内外文献，并重点围绕数字经济集聚对绿色高质量发展的影响机理等内容进行了详细的梳理总结。在此基础上，本文汲取现有文献的研究经验，合理确定数字经济的边界范围，科学界定数字经济产业集聚和绿色发展的内涵。

1.5.4.2 比较分析法

第一，利用统计年鉴和相关数据资料对我国数字经济发展情况进行描述性分析后，分省份和分地区对数字经济发展状况进行比较；第二，在测算出数字经济集聚程度后，对每个地区的集聚程度进行比较分析；第三，考虑政策偏向不同，在完成总体上的空间计量回归后，对数字经济产业专业化和多样化集聚系数情况进行比较分析；第四，从能源消费结构、产业结构和技术创新影响区域碳排放量等方面开展进一步内在机制比较分析。

1.5.4.3 空间计量分析法

在研究区域绿色发展问题时必须将各区域之间的相互联系纳入考量，空间计量经济学方法纳入了决策单元间空间依赖性的考量，可有效规避传统实证模型中的偏离问题。因此，本项研究选择空间杜宾面板模型作为基础回归和异质性分析的工具，以探讨数字经济集聚对绿色发展所带来影响的空间效应。

1.5.4.4 案例分析法

在比较借鉴数字经济产业集聚绿色化发展经验方面，系统剖析了东部地区的浙江杭州及西部地区的贵州贵阳、四川成都等地推动数字经济产业集聚发展的方法。这些内容都属于案例研究的范畴。

1.6 研究特色与创新点

本文以数字经济产业集聚为研究对象，探讨数字经济产业集聚绿色发展的机理、效应和路径，进而为促进数字经济发展布局和经济绿色高质量发展提供决策参考。相较于以往研究，本文的特色与创新之处主要体现在以下三个方面：

（1）学术思想的特色与创新。基于数字化和绿色化双转型的历史大背景，聚焦绿色发展视域下数字经济产业集聚这一研究对象，进而揭示数字经济产业集聚的绿色化形成机理、效应及路径，在学术思想上具有较强的前沿性和创新性。现有研究多将数字作为重要的生产要素，进而讨论数字经济对绿色发展的影响，但对数字经济产业布局及其集聚与绿色发展融合的理论与实证研究尚不多见。本文系统考察数字经济产业集聚赋能绿色发展的机理与路径，同时研究还有别于仅仅从单向维度考察数字经济与绿色发展关系的研究范式，研究中还通过数字经济与绿色发展共生融合的探索来考察数字经济产业集聚及其路径优化问题，这些都体现为对现有研究的拓展。

（2）学术观点的特色与创新。本项研究依据绿色发展视域，借助产业外部性和产业共生理论对数字经济产业集聚影响绿色发展的内在机理进行深入剖析，实证研究中充分考虑到空间的关联性，纳入数字经济产业集聚对周边区域间接影响的考量。此外，还从能源消费结构、产业结构和技术创新等维度就数字经济产业集聚影响区域碳排放量进行进一步机制分析。上述处理在研究视域和学术观点上与已有研究有所不同。

（3）研究方法的特色与创新。本项研究综合应用文献计量、描述统计、区位熵、空间计量和案例研究等方法，并结合产业经济学理论和省域数字经济发展相关数据资料的使用，聚焦数字经济产业集聚与绿色发展的融合这一新话题形成了一个“理论机理—实证检验—案例论证—路径优化”的研究闭环，在研究内容和研究方法上具有一定特色创新，使研究结论对现实指导价值更强。

1.7 研究可行性

（1）研究基础的可行。负责人长期从事数字经济与绿色发展相关研究，近年主持完成国家自然科学基金（优秀等次）和中国博士后基金，就农业产业协同创新、农机装备低碳化创新开展了系统探索；主持完成数字经济和“双碳”领域报告 7 份，其中“双碳”有关建议获多部门采纳；主笔报告聚焦农机装备业和农技推广服务共 2 份，均获省领导批示；发表数字和低碳经济核心论文多篇，其中农业数字化转型和“双碳”战略融合文章在《农民日报》刊发后，获光明网、中工网、中国经济网等多家央媒网全文转载；出版学术著作2部。同时，申请人具有丰富的实证研究和田野调研经验。从研究平台支撑来看，申请人是省级人文社科研究基地——湖北循环经济发展研究中心的核心成员，该基地长期从事绿色发展、低碳经济与区域经济研究，与相关部门保持良好的合作关系，对研究数据的收集整理以及实地调查的开展能提供必要的支持和帮助，项目实施有资料上的坚实保证。此外，研究团队有农业经济学、管理科学与工程和产业经济学交叉学科背景，成员近5年主持国家自然科学基金2项、教育部课题1项，在数字经济和农业低碳领域科研经验丰富。

(2) 研究方案可行。本项研究基于现实问题出发，聚焦绿色发展理念视域下数字经济产业集聚布局及优化，研究中能遵循“提出问题—分析问题—解决问题”的基本逻辑思路。研究所需数据能获得，研究团队已经在前期研究中对历年《中国统计年鉴》《中国科技统计年鉴》《中国高技术产业统计年鉴》《中国能源统计年鉴》《数字经济发展报告（白皮书）》以及各地的统计年鉴进行了收集和整理，并初步整理出我国各省级行政区域数字经济发展情况的相关数据。在研究所需方法准备上，课题组成员能熟练运用Citespace、Arcgis、Stata、Matlab等分析软件，同时熟练掌握空间计量经济分析、文献研究和案例分析方法等，为本项研究提供较好的技术支撑与保障。

2 绿色发展视域下数字经济产业集聚理论分析框架构建

本章结合国内外相关文献整理和文献计量分析等手段，意在就数字经济产业集聚研究进行学术梳理，明确数字经济产业集聚相关理论研究的基础、规律、特征及动态演进趋势，进而强化研究的学理性认知，着力构建起绿色发展视域下数字经济产业集聚问题的理论分析框架，为全文研究开展和相关论证分析提供坚实的理论依据。

2.1 文献综述：结合文献计量手段的理论回顾及趋势分析

2.1.1 数字经济内涵、核算及发展效应研究

“数字经济”一词最早出现在美国学者唐·塔斯考特出版的《数字经济：网络智能时代的前景与风险》一书中，此后的研究主要聚焦在数字经济的内涵界定、核算、效应分析等几个方面。事实上，数字经济的含义随着数字技术的演化及对数字经济发展的认识而发生着变化，分为基础数字部门认识阶段、数字融合认识阶段、数字化经济认识阶段（陈梦根、张鑫，2020）。数字经济的内涵也从单纯的信息技术、电子商务等数字产业部门，延伸到技术融合所引发的传统产业变革。当前，国际上尚缺乏对数字经济广为接受的定义，界定上大致分三种情形：一种是通过描述行业或企业生产过程来进行界定；另一种将数字经济视作超越了单纯经济领域的范畴；还有一种则兼顾数字经济评估目的，使用结构化方式来进行表达。与此同时，国内关于数字经济的概念基本沿用了 2016 年 G20 杭州峰会倡议中对数字经济的界定，主要将其分为“数字产业化”和“产业数字化”两部分。

与此同时，随着数字经济的飞速发展并与各行各业的深度融合，迫切需要客观反映数字经济对经济社会发展的影响，而传统统计口径、产业分类体系已无法满足要求，为此催生出数字经济核算这一当前经济学研究中的热门

话题。概括起来，目前学术界已形成了数字经济核算的基本框架，包括对数字产品和服务、数字技术对生产率的影响、数字技术赋能福利提升方面进行核算。在数字产品和服务、数字技术对生产率的影响这两个维度上已有较为成熟的研究，然而论及数字经济对社会福利推进情况的研究，理论界尚未形成一致的测度方法。具体到核算所使用的定量方法，可归结为直接法和对比法，其中直接法就是在界定范围统计或估算出一定区域内数字产品和服务等的规模体量，也可称为增加值核算法，以美国经济分析局（BEA）《最新数字经济核算报告》和中国信息通信研究院发布的《中国数字经济发展白皮书》为典型代表，但囿于核算基于不同标准和口径，为此开展国际比较的难度还较大。对比法又称为指标核算法，是基于多维度指标，对不同地区间进行对比，进而得到数字经济发展的相对情况。各国相关机构纷纷编制数字经济指数以对其进行综合评价，如《美国新经济指数报告》、欧盟的《数字经济与社会指数报告》、新华三指数体系等（刘欢，2021；徐清源、单志广、马潮江，2018）。定性核算方面，主要在于提出数字经济规模核算的思路、框架以及相关建议，进而为量化分析提供基础依据。

此外，在数字经济发展效应方面，包括对产业结构升级（马晓君、李艺婵、傅治等，2022）、区域协调发展的影响（钟文、郑明贵，2021），人力资本结构（李梦娜、周云波，2022），全要素生产效率提升（陈昭、陈钊泳、谭伟杰，2022；万晓榆、罗焱卿，2022），城市经济绩效（田皓森、潘明清，2021），也有关注数字经济发展对共同富裕（向云、陆倩、李芷萱，2022）和生态效率影响效应（何维达、温家隆、张满银，2022）的研究，上述研究文献基本都对数字经济发展效应做出了积极评价。与此同时，也有研究关注到数字经济带来的消极影响，包括对实体经济的挤压效应（周小亮、宝哲，2021），为此要不断提升金融市场发展程度。也有研究认为发展早期数字经济将对第二产业、高技术产业和高技能方面的就业形成一定替代，但在长期维度上将推进就业结构的制造化、高技能化和高技术化（叶胥、杜云晗、何文军，2021）。总体来看，数字化极大提升了要素关联效应和融合效应，通过数字化转型与赋能能促进要素生产率全面提升，通过拓展传统行业技术创新边界实现产业结构调整和转型升级，并会对产品和服务、组织结构和商业模式等带来变革和深远的影响（田金方、李慧萍、张伟等，2022）。

此外，以知网为例，由国内数字经济被引论文可知，数字经济驱动高质量发展、数字经济核算和测度、数字经济管理与创新受到了较多学者的追踪及拓展研究。与此同时，为更为客观且全面反映数字经济相关研究的演变情况，研究中还引入了 Vosviewer 文献计量手段开展分析。本节内容中先以中文文献收录量最多、学科涵盖最广的知网（CNKI）作为分析基础数据来源，此外为优先保证文献数据的查全率，在 CNKI 内的“期刊”高级检索条件下，以主题“数字经济”、时间段从“不限年份—2022 年”、来源类别选择“CSSCI 期刊”进行搜索，通过数据清洗，剔除征稿启事、时事新闻、大事记、论著推介、会议介绍等与研究主题不相关的材料，并将符合条件的文献资料以 Refworks 的格式导出，最终得到有效基础样本文献近四千篇，其间开展了多次文献资料数据检索，研究数据最后更新时间为 2022 年 10 月。论文分析内容可通过关键词信息来反馈，进而对文献关键词开展计量分析，有利于明确国内“数字经济”研究领域的前沿热点及趋势，检索到文献中出现频度较高的关键词，可在一定程度上体现“数字经济”领域研究热点。在知识图谱中，节点及标签字体大小表征的是关键词共现的频度，节点与节点间连接线颜色变化表征关键词在不同年份出现及相互间建立联系的不同时间，关键词连接线粗细表征节点间共现强度。关键词共现情况方面，节点“数字经济”出现频度最高，频次高达近三千次，数字化转型和数字技术和高质量发展均超过了 200 次，此外大数据、数字贸易、产业数字化、数据要素、数据、人工智能、数字金融、平台经济、数字鸿沟等出现频次也均在 50 次以上。同时，从关键词共现聚类可以看出，围绕数字经济在产业数字化与新动能，平台经济、数字劳动与反垄断，数据要素、数字贸易、跨境流动与数据治理，国际税收规则与征管，数字鸿沟与乡村振兴，技术创新与经济高质量发展，企业数字化转型，区块链与金融科技等相关主题的研究着墨较多。

2.1.2 数字经济产业集聚相关研究

从 20 世纪中叶开始，西方学者较早关注到产业集聚问题，而关于集聚的经典文献也大都集中在工业领域。伴随着时代的不断发展，关于知识、文化和服务产业集聚的相关研究也不断涌现（但斌等，2008；戴钰，2013）。此后随着信息科技的飞速进步，信息产业规模日趋壮大，产业逐步分化为与信息技术有关的制造业和与信息技术有关的服务业（杜伟锦、李红升，2005），信息产业有关的行业集聚问题关注程度逐渐增多（殷为华、陈晓玲，2021；张治栋、赵必武，2021）。此外，电子商务产业作为三新产业的典型代表，论及其产业集聚研究方面，较多学者关注到将电子商务作为交易平台与产业数字化发展的支撑工具，可实现产业集聚，但就电子商务集聚本身研究还显得较少（王嘉丽、宋林、张夏恒，2021）。与此同时，比较来看，虽然数字经济产业成为近年极其热门的话题，但事实上直接研究数字经济产业集聚的文献也还较少（纪玉俊、韦晨怡，2022）。蔡绍洪、谷城、张再杰（2022）在开展省域数字经济发展的空间相关性分析时，通过局部莫兰指数2013—2019年省域数字经济集聚类型进行了划分，与徐君、郭鑫、蒋雨晨（2022）一文在评价数字创新能力具有较强的空间集聚关联性时依托的方法较类似。

数字经济产业集聚作为一个热点话题，本质上是数字经济产业的空间布局及其效应问题。其中，城市作为数字经济发展的主要地理空间，数字经济相关要素在城市地域空间集聚，为此数字经济拓展必定助推城市经济发展效能的改善（鲁玉秀、方行明、张安全，2021），丁亮、徐志乾等（2021）的研究就从产业资本集聚和投资网络两个视域分析浙江省城市群数字经济产业空间格局的现实基础及未来规划。数字经济产业发展打破空间、信息传递和时间成本等传统束缚，其不断强化资本、技术、人力资源等生产要素在地理范围上的自由流动，进而为经济生产空间重塑提供无限可能。这一方面归因于数字经济发展引致的马太效应带来核心区域集聚程度不断强化，另一方面还要归因于数字经济发展产生的溢出效应为经济集聚带来更多可能（李治国、王杰，2022）。

事实上，数字经济产业集聚的诱因和驱动因素，同其他产业聚集有着较多相似之处，在充分借鉴韦伯工业区位论（1909）、克鲁格曼空间经济学（1991）和马歇尔（1890）相关理论观点基础上，结合产业发展实际，主要涉及自然技术因素和社会文化因素，具体来看有供给需求因素（涉及规模报酬）、外部经济（涉及人力资源共享、产业分工细化和技术溢出效应）和地方专业化等。毛丰付、高雨晨、周灿（2022）对长江经济带数字产业集聚发展态势开展了分析，表示经济社会发展水平及信息化发展潜能两个维度对长江经济带数字产业空间格局演化带来多因素影响，其中经济社会发展水平对制造型数字产业影响更大，而信息化发展潜能对服务型数字产业的影响更为显著。同时还有学者关注到数字出版集聚问题，许桂芬、金永成（2017）的研究认为其受到政府政策、知识资本、经济活动密度及信息化水平等因素影响，其中信息技术水平改善了企业沟通情状，有效拓展了数字出版集群的虚拟边界。这些研究表明数字经济产业集聚的驱动因素同相关行业集聚诱因基本一致。然而数字经济有别于传统经济形态，其产业布局也表现出一些明显不同的特点，包括须同时考虑时间维度、空间维度和非空间维度。陈建军（2020）的研究关注到数字经济的区域响应中的区域发展机制，突出强调了区域的开放性、人才集聚的机制等，而推动数字经济发展与治理需要加快新基建和人才集聚。

关于数字经济产业集聚的效应方面，与分散型生产模式比较来看，集聚型生产模式拥有知识溢出和技术创新的强外部性特征（陶长琪、彭永樟，2017），这些特征意味着集聚不仅有助于通过要素优先供给和密切交流联系增进数字经济发展水平，还能依托学习、共享、匹配等机制提升数字经济发展溢出效应（邵帅、张可、豆建民，2019）。此外，李嘉美、韩建雨（2022）的研究认为数字经济通过新型数字技术与经济融合发展，打破了传统资源要素的流通模式，为自贸试验区建设和革新带来新模式。同时在技术层面，信息技术的快速进步推动数字经济发展的同时，加速了经济全球化的步伐。同时，还有学者考虑数字经济与产业集群的协同问题，曾可昕、张小蒂（2021）研究表示数字商务与产业集群协同演化大幅提升了马歇尔外部经济效应，同时实现多层次外部经济的互相促进和溢出，推动协同网络内企业家要素配置的能力与创新绩效改善，进而促使集群外部经济提升拥有动态与内生性。另外，数字经济通过需求赋能和创新赋能影响了服务业集聚的空间格局，这一影响的异质性与行业对需求和创新的偏好相关（纪玉俊、韦晨怡，2022）。当然，数字布局和产出水平不同带来的数字鸿沟（田刚元、陈富良，2022）、数字与信息安全（陈岳飞、赵鑫、于连超，2022）也不容忽视。

与此同时，以“数字”“数字经济”“平台经济”“信息产业”“互联网”“电子商务+集聚”为关键词，在知网数据库进行了文献检索，来源类别选择“CSSCI 期刊”，经过查重和无关文献剔除处理共得到 513 条有效文献，随后借助 Vosviewer 文献计量手段开展分析。围绕数字经济在产业集聚、互联网、数字金融、制造业，空间集聚、杜宾模型和互联网金融，集聚、空间分布和信息服务业，空间格局和影响因素，电子商务、淘宝等相关主题的研究着墨较多。

2.1.3　绿色发展的相关研究

2.1.3.1　绿色发展的内涵和动因

伴随着环境恶化、人口爆炸、资源枯竭等成为世界性生态难题，人类社会和自然生态关系失调，为应对挑战，可持续发展、低碳发展、绿色发展等理念相继出现，当今绿色低碳发展已成为全人类共识，这是绿色发展的根本动因。随着时代发展，绿色发展被赋予了不同含义。经济合作与发展组织（OECD）将绿色发展界定为在保证自然资源能继续为人类福祉提供各类资源和环境服务的同时，还能有效推动经济发展。2012 年世界银行将绿色增长界定为“在经济增长不放缓的基础上，实现生产高效、清洁和有弹性”。为此，不同发展阶段资源环境与经济协调不断强化，都意味着绿色发展水平的持续提升（刘华军等，2014），经济发展与生态环境安全是辩证统一的关系，绿色发展应借助转变发展方式，实现生态环境与经济的协调发展（蔡绍洪等，2021），Maria Egorova 等（2015）的研究与此观点有较类似的地方。绿色发展模式根植于传统工业化、城镇化进程中，该模式由低级到高级不断进化，同时不同国家和地区绿色发展进程中面对的矛盾和侧重点不同。对我国来说，绿色发展是关系到发展战略全局的五大理念之一，能有效化解发展不平衡不充分难题，实现人、社会、自然三者和谐共生（王丹、郝雨浓，2021）。也正如程钰、王晶晶（2019）认为的绿色发展战略既是实现区域经济社会与资源环境耦合的重要内容，同时还是推进区域人地协调的重要途径。绿色发展理念作为实现高质量发展的核心考量内容，是通过践行生态文明为可持续发展贡献的中国智慧和方案（陈晓红等，2020；钱易，2020），与绿色经济和绿色增长比较而言有更突出的创新内涵，特别是基于中国情景的理论成果不断出现。王玲玲和张艳国（2012）的研究发现，绿色发展是囿于生态环境容量和资源承载能力有限的前提下，借助于保护生态环境实现可持续发展的新型模式，而绿色发展能力和绿色发展战略两大要素是实现绿色发展的关键（胡鞍钢、周绍杰，2014）。当前探索以生态优先、绿色发展为先导的高质量发展的新路子非常迫切且必要（李蕾，2020）。事实上，绿色发展也确实更强调生态优先，同时需要经济、社会和自然系统间的联系更有系统性、整体性和协调性（胡鞍钢，2014）。因此，需要立足不同时空和具体情景看待绿色发展及其相关的生态系统问题（商迪，2020），如张林秀、白云丽等（2021）认为，必须运用系统科学思维指导农业绿色生产转型发展，包含横向各因素间和纵向各环节间的关系及其演化规律。

2.1.3.2 绿色发展水平、时空分布与影响因素分析

随着对绿色发展理念的逐步贯彻，对各地绿色发展水平进行评估和表征变得日益迫切（邹一南、韩保江，2022）。通过梳理相关文献发现，绿色发展水平测算研究方法主要包括三大类。

第一类研究主要依据绿色发展指数，这也是目前国内外比较通行的一种方法。国际学术界早在 20 世纪 70 年代就开始绿色发展指数的研究。国外对绿色发展指标体系的建立主要依托于联合国环境规划署“全球绿色新政”、联

合国可持续发展大会 SDG 目标体系、世界银行《绿色数据手册》、经合组织《迈向绿色增长报告》及全球绿色增长研究所“绿色增长模型”等国际机构制定的绿色发展测算指标体系和绿色增长指标体系，进而对绿色发展核算进行了不少尝试，如 Herrero C 等（2020）借鉴 SDG 体系计算了一百多个国家的包容性绿色能源进展指数，旨在捕捉能源使用的包容性、绿色性和效率，Sat-byul Estella Kim 等（2014）则利用经合组织的估算框架，对 30 个国家的绿色增长状况进行了评价，另外 Luukkanen J. 等（2019）利用可持续性窗口分析（SuWi）方法对老挝绿色增长情况进行了分析。在国内，北京师范大学最早从 2010 年开始发布“中国绿色发展指数”系列报告。该报告从生产方面的经济增长绿化度、各地区的资源环境承载潜力、政府政策支撑力度等三个维度测算了中国绿色发展指数。该指标体系庞大，且还存在着将绿色发展概念泛化的问题（邹一南、韩保江，2022）。例如，经济增长的绿化度指标体系中，第三产业劳动生产率等与绿色发展关联度不强。此后，魏琦、张斌、金书秦（2018）还构建了包括资源节约、环境友好、生态保育和质量高效四个维度的农业绿色发展指数，并得出自 2012 年以来中国农业绿色发展水平显著提升，但各地区间农业绿色发展水平差异较大的结论。巩前文、李学敏（2020）则从低碳生产、经济增收、安全供给三个维度方面选择 10 个三级指标构建起了农业绿色发展指数。另外，李晓西、刘一萌等（2014）借鉴人类发展指数的构建原则，在社会经济和生态资源环境可持续发展两大维度同等重要的前提下，构建了“人类绿色发展指数”。此外，还有一些绿色发展指数的研究仅关注某个省份或某些特定的经济区域（郝汉舟、汤进华等，2017；马双、王振，2018），类似研究构建了区域性的指标评价体系，相关结论对局部地区有较大指导价值，但无法完全适用全国，通用上受到一定限制。

第二类研究是基于熵值法（郭付友等，2020；郭付友等，2021）、熵权-TOPSIS 模型（郭永杰等，2015）、变异系数（黄跃、李琳，2017）和因子分析法（蓝庆新、黄婧涵，2020）、主成分分析法（陈禹静，2022）、层次分析法测算绿色发展水平。事实上，上述方法在具体使用时，往往也需要借鉴国内外绿色发展测度指标体系来构建研究适用的评价体系，如舒成等（2021）在利用熵权法测算江西省绿色发展水平时，测算体系中就充分吸收了国家发展改革委、江西省生态文明建设目标评价考核中的绿色发展具体指标。余永琦、王长松等（2022）和张仁杰、董会忠（2022）也用类似舒成等方法分别考察了江西省农业绿色发展水平和长江经济带城市绿色发展水平。与此同时，这类文献也多会借助空间分析技术考察各地绿色发展水平的空间分布特征。

第三类研究是基于数据包络分析方法。目前相关研究主要依据的是数据包络分析框架定量评估绿色发展效率，具体操作层面则包括考虑非期望产出的DEA模型（吴玉萍、张云，2020）、超效率SBM模型（田亚鹏、柳晓艺，2021）、四阶段DEA模型（李林汉、岳一飞，2019），这些方法被广泛应用于对绿色发展效率进行评价，如杨志江、文超祥（2017）的测算分析表明1999—2012年中国省域层面绿色发展效率并不高，总体上表现为“先降后升”态势，且节能减排无效率是绿色发展无效率的关键影响方面；黄杰（2018）研究结论差异较大，其认为在1995—2015年度内中国省际绿色发展效率的总体区域差异呈明显的上升趋势，且区域间差异和超变密度是绿色发展效率区域差异的重要原因，同时区域内差异对绿色发展效率区域差异贡献度正逐步下降。类似的研究还有（曹鹏、白永平，2018；赵金凯、杨万平，2018）等。

有的研究或就不同地区、特定或城乡区域的绿色发展效率开展评价，例如，吴传清、张冰倩（2022）选用基于非期望产出的Super-SBM模型测度长江经济带制造业绿色发展效率，同时选用DAGUM基尼系数测算了长江经济带制造业绿色发展效率的上中下游地区内和地区间差异，并分析该区域制造业绿色发展效率总体差异的主要来源；陈影、文传浩和沈体雁（2022）从静态与动态视域分别采用超效率SBM模型及曼奎斯特指数测度2007—2019年成渝地区双城经济圈绿色发展效率，此外还有研究黄河沿岸（马丁、周新，2020）、鲁南经济带城乡（郭付友、佟连军等，2020）、东部沿海城市群（刘曙光、尚英仕，2020）、生态文明示范区（范正根、邓志康等，2022）等。

还有研究对不同产业部门的绿色发展效率进行分析，如刘雨婧、唐健雄（2022）利用SBM-Undersirable模型、核密度估计、空间马尔可夫链等方法，探讨2008—2018年中国31个省（自治区、直辖市）旅游业绿色发展效率（TGDE）时空演化特征及影响机理；张涛、武金爽（2021）则利用相同的效率测度方法评估了中国各省份的文化产业绿色发展效率，研究认为东部、中部和西部三大地区表现为梯度递减特点，此外另有农业绿色发展效率（薛蕾、申云，2020）、化工行业绿色发展效率（向云波、王圣云、邓楚雄，2021）等研究。

事实上，使用数据包络分析这一非参数方法测算绿色发展效率有其适用性和合理性，然而投入、期望产出及非期望产出等指标体系的选取往往受制数据的可获取性，具体指标可能存在关联性不足、可比性不强等问题，也表现出绿色发展概念泛化的现象，如刘华军、邵明吉、孙东旭（2022）纳入资本、劳动、电力资源要素投入，并将 $PM_{2.5}$、工业废水、工业二氧化硫以及工业烟尘作为非期望产出，资本和劳动等部分要素已经超越绿色发展内涵，并不是绿色发展水平的真实体现，包括国外学者 Vlontzos，G. 等（2014）的研究也或多或少存在类似缺陷。

此外，在使用数据包络分析方法测算绿色发展效率的基础上，在明晰绿色发展效率的多维度影响因素时，Tobit 方法较为常见，如王青、肖宇航（2021）、郭付友、高思齐和佟连军等（2022）使用的方法即如此。此外，还有不少文献也借助于面板计量模型单独考察了工业智能化（唐晓华、迟子茗，2022）、产业集聚（郭艳花、梅林和佟连军，2020）、环境规制（黄磊、吴传清，2020）等对绿色发展效率的影响。

2.1.3.3 绿色全要素生产率（TFP）

当前，具有包容性的绿色全要素生产率已成为衡量绿色发展水平和经济发展质量有机协调的关键性指标，并常作为研究经济社会绿色高质量发展的重要表征（李华、董艳玲，2021），绿色全要素生产率测算所使用方法同绿色发展效率分析方法大体一致。同时，随着经济步入新常态后，学术界又关注到绿色全要素生产率增长影响因素和不同区域间绿色全要素生产率存在差异的原因。相关研究中目前较为认可的影响因素主要包括经济发展水平、产业结构、城镇化水平、环境规制、创新研发能力、市场开放度、人力资本和基础设施建设等。部分关键因素归纳如下：

一是经济发展水平。一般认为绿色全要素生产率与经济发展水平是强相关关系，但由于选取指标、时间区间、研究地区发展阶段和区域禀赋差异，结果也存在差异。如钱争鸣、刘晓晨（2014）的研究表明 1996—2010 年全国范围内绿色经济效率和经济增长之间存在显著的倒“U”形关系，而聂玉立和温湖炜（2015）的研究则表明，2005—2011 年地级以上城市绿色经济效率同经济发展水平间呈“U”形关系。

二是区域产业结构与技术创新。产业结构升级和技术创新均是绿色全要素生产率提升的重要支撑。但领先型模式下人力资本和城镇化提升后，能有效赋能产业结构升级和技术创新对绿色 TFP 的提升，落后型模式劳动力数量和城镇化提升后，反倒会阻碍产业结构升级和技术创新对绿色 TFP 的积极影响（逯进、李婷婷，2021）。苏科、周超（2021）表示随着人力资本水平提升，科创水平对长江经济带绿色 TFP 的正向作用将得到强化。

三是环境规制与政策。绿色发展时代环保政策的选择设计成为备受关注的焦点，环境规制不同类型也导致作用效果不明确（吴磊、贾晓燕等，2020）。并且不同的强度环境规制对绿色全要素生产率增长的影响效应不一致，李玲、陶锋（2012）表示当重度污染产业环境规制强度较为科学时，能带动产业绿色 TFP 的提升，当中度污染产业环境规制强度较弱时，环境规制与绿色 TFP 之间呈“U”形关系，轻度污染产业环境规制强度与绿色 TFP 呈“U”形关系。部分学者还论证了正式与非正式双重环境规制对绿色 TFP 的作用机制及效果，该研究也证实了影响结果存在异质性的看法（李健、武敏，2022）。此外，Vivek Ghosal（2019）研究更为具体，其实证结果指出环境政策对植物绿色 TFP 增长和可持续生产实践的有益影响。

2.1.3.4 碳排放与碳排放效率

碳排放增多引发的全球气候变化已成为各界关注的焦点，促进碳减排是中国实现绿色低碳发展的关键举措。改革开放 40 多年来，我国各方面均取得巨大成就，社会生产力水平不断提升并稳居全球第二大经济体。与此同时，我国也成为世界第一大能源消费国和二氧化碳排放国，面临着发展经济与资源环境的双重压力，以新发展理念统筹生态保护与经济发展成为必由路径。在新时代背景下，我国进一步提出了“碳达峰碳中和”目标，将中国的绿色发展提升到新高度，这不仅是中国政府做出的庄重承诺，也是我国经济转型的一个必然选择。要实现“双碳”战略目标，二氧化碳排放管理应由强度管制向总量管制转变，各省、自治区、直辖市相继印发了“十四五”节能减排工作方案；诸多学者也围绕“双碳”目标的碳减排省份分解和责任分摊开展探索研究（黄国华等，2018；韩楠、罗新宇，2022；董玮等，2022），主要涉及长江经济带、京津冀地区、长三角地区等经济相对发达的内陆地区和沿海地区。

事实上，经济领域围绕碳排放效率问题已展开深入研究，其中如何进行碳排放效率测算是当前研究的热点。碳排放效率的测度主要使用 TOPSIS 评价法、灰色关联度分析法（邓聚龙，1982）等方法测算，对碳排放的研究包括碳排放的绩效评估以及对环境技术的测量等方面（张伟等，2013）。但上述方法会导致高经济指标值掩盖低环境指标值的结果，从而掩盖了经济发展过程中以资源环境为代价换取经济增长的现象（郭存芝等，2016）。而目前碳排放效率评价普遍采用非参数法来测度，其中数据包络分析（DEA）方法得到广泛应用（王群伟等，2010；李金铠等，2020）。需要强调的是，以往 DEA-CCR、DEA-BCC 等传统 DEA 模型中，仅关注投入与产出变量之间的对应关系，忽视了径向和角度的选取，容易造成效率测量的松弛性问题和精度问题。鉴于此，Tone（2001）提出了基于非期望产出并纳入松弛变量的 SBM 模型，一度成为衡量碳排放效率的主要方法（徐英启等，2022）。但基于 SBM 模型对碳排放效率评价存在自身的缺陷，该模型忽视了效率前沿投影值的原始比例情况，进而影响了效率评判的准确性（蔡乌赶、周小亮，2017）。为改进上述问题，Tone 和 Tsutsui（2010）提出了一种 EBM 模型，该模型结合了径向和非径向特点来定义距离函数，并被应用于评价碳排放效率和碳排放绩效（田泽等，2016；汪克亮等，2017）。

论及碳排放效率影响因素的研究，现有文献大都从省际角度出发考察碳排放效率驱动因素的区域性差异，发现沿海省份碳排放效率普遍高于内陆省份，且碳排放效率呈东部、中部、西部依次递减的趋势，并通过规模效应、结构效应和技术效应探讨经济发展对碳排放效率的影响机制（李涛、傅强，2011；马大来等，2015）。还有研究在省际或区域角度的基础上纳入全要素的框架分析碳排放效率变化的影响因素，得出碳减排技术进步、碳减排技术效率的调整会显著促进碳排放效率的改进（屈小娥，2012；张伟等，2013）。此外，劳动投入、产业结构变化、能源强度效应、数字经济和数字金融发展等也被证实是促进或抑制碳排放的重要因素。另外，有学者从行业视域出发，分析了工业、农业、建筑业和物流业等行业碳排放效率变动（周五七、聂鸣，2012；吴贤荣等，2014）。

2.1.3.5 绿色发展政策

绿色发展政策是公共政策体系中的重要构成内容之一，其立足于环境、经济、社会可持续和区域协调发展的系列政策，一般包括为实现资源节约、环境保护、生态修复等政策目标，公共组织决定实施的具有特定形式和各种规范性方法的总称（王海芹、高世楫，2016），因此关于达成资源节约、环境保护和生态修复等目标的政策均属于此范畴。目前国内绿色发展政策表现形式丰富多样，如李健、李宁宁（2021）在开展京津冀绿色发展政策模拟时即构建了囊括产业结构、绿色信贷、能源税收、碳税、碳交易机制、科技六个维度政策体系。谈及绿色发展政策的重要性，李周（2016）的研究就明确表示技术创新对绿色发展转型固然重要，但关键还是要将绿色创新和发展中的好经验、好做法总结提升为法律法规，进而利用生态的法治来赋能绿色发展转型。同时也要注意绿色发展政策目标、立法体系、政策工具的构建过程，也随着我国处理经济发展和环境保护之间矛盾的理念认知的变化不断调整适用领域（王海芹、高世楫，2016），舒绍福（2016）研究同样表示随着经济发展步入新常态，国家治理现代化和国家能力建设中要不断推动环境政策变革和提升绿色领导力。事实上，越来越多的绿色发展政策实践均引发了学术界的探索（杨光俊，2018；高鸣、张哲晰，2022；于立宏、金玉健，2022），其中农业绿色发展支持政策研究是热点话题，更有就绿色发展政策绩效开展的相关分析（斯丽娟、王佳璐，2018；蒋海玲、潘晓晓等，2020）。

2.1.4 数字经济赋能绿色发展的相关研究

当前，以数字化信息和知识作为关键要素的数字经济已是经济实现高质量发展的新动能，更是圆满达成“双碳”战略目标的关键助力。任保平、李培伟（2022）认为，数字经济培育我国经济高质量发展新动能的机制在于以要素配置优化、规模经济、产业融合和创新驱动四个维度。此前，荆文君、孙宝文（2019）从微观、宏观两个层面阐述了数字经济与经济增长的关系及数字经济助推经济实现高质量发展的内在机理。在微观视域上，大数据、云计算等新技术有助于形成兼具规模、范围经济和长尾效应的市场环境，从而提升经济均衡度。在宏观视域上，数字经济可借助新要素投入、新资源配置效率和新全要素生产率三种路径推动经济增长，也即数字经济具有类似亚当·斯密所提出的自增长模式。张腾、蒋伏心、韦朕韬（2021）的研究则从经济、社会、生态等多维度视域出发，阐述了数字经济影响经济增长质量的六个方面，具体包括经济增长稳定性与持续性、经济结构与市场体系、全要素生产率（TFP）与市场运行效率、资源利用与生态环境、国民经济素质与人力资本、福利变化与成果分配。

高质量发展内涵上就是以满足广大人民日益增长对美好生活需要为目标的高效率、公平和绿色可持续的发展，是“五位一体”的协调发展（张军扩等，2019；汪彬、张世国，2021）。鉴于此，相关学者围绕数字经济对生态环境的影响，从绿色技术创新、城市绿色发展、城市生态效率、碳排放、能源效率和碳中和等多维度进行了探讨。绿色技术作为绿色发展的重要推动力，构建市场导向的绿色技术创新体系非常重要（郭滕达、张明喜，2019），同时政府的作用也非常重要，如伦晓波、刘颜（2022）的研究表示数字政府能明显带动绿色技术创新，究其缘由在于数字政府能促进市场发挥资源配置的作用，引导数字经济发展，进而推进绿色关键技术创新。此外，在数字经济加速推进的背景下，企业数字化转型能否带动绿色技术创新引发学术界的重视。宋德勇、朱文博和丁海（2022）基于重污染行业上市公司的证据，认为重污染行业企业绿色技术创新受数字化转型显著影响。同时，进一步机制分析发现，企业的信息共享水平和知识整合能力提升是企业数字化转型影响企业绿色技术创新的重要路径。事实上，追求绿色发展成为当前国家及各级政府进行经济发展规划的主要目标，而如何提高城市绿色经济效率是实现高质量发展的核心要义。其中魏丽莉、侯宇琦（2022）考察了数字经济发展对城市绿色发展的影响作用及其异质性，并表示数字经济对中国城市绿色发展具有显著的积极影响，是推进地区实现绿色化转型的重要因素；梁琦、肖素萍和李梦欣（2021）的研究也认为，数字经济的发展能够显著提升城市的生态效率，并遵循数字经济发展→产业结构升级→生态效率提升的中介传导路径。此后，“双碳”战略目标的提出对践行绿色发展更是产生深远影响。为此，数字经济对碳排放的影响研究受到学者关注（缪陆军、陈静等，2022）。同时，在数字经济背景下，数字技术是实现碳中和目标的绝佳工具，而能源部门却是中国碳排放的最大来源，怎样依托数字技术实现能源行业“双碳”目标广受重视（陈晓红、胡东滨等，2021）。鉴于此，张云辉、李少芳（2022）从数字金融出发，认为数字金融能有效提升能源效率，但区域异质性分析发现提升效应只在东部和西部地区显著，而且数字金融发展通过提高创新水平和创业水平提升能源效率。此外，张杰、付奎和刘炳荣（2022）基于经济高质量发展和“双碳”目标，机制分析表明数字经济通过推动能源效率提升、绿色技术进步和产业结构升级等途径赋能城市低碳转型。

绿色全要素生产率作为衡量绿色经济发展质量的重要指标，数字经济发展对其作用机理及效应开展分析非常必要。卢福财、刘林英、徐远彬（2021）分析了互联网促进工业绿色全要素生产率提升的作用机制，并证实互联网技术对工业绿色全要素生产率（TFP）改善具有积极作用，同时机制分析认为，企业创新能力、成本、产业结构水平和外部监督力度是互联网推进工业领域绿色全要素生产率（TFP）提升的重要方式。刘运材、罗能生（2022）将绿色全要素生产率分解为绿色技术进步与绿色技术效率，并表明互联网发展抑制了绿色技术进步，却促进了绿色技术效率，总体上对 GTFP 具有正向促进作用。而丁玉龙和秦尊文（2021）则基于数字经济时代前提，实证研究了信息通信技术对绿色经济效率的作用机制，发现信息通信技术显著推进了绿色经济效率提升，并表示信息通信技术借助于推动技术创新和产业结构的升级，从而带动绿色经济效率改善。此外，随着互联网同金融的深度融合，数字金融成为热点话题，考察其对全要素生产率的影响机制也得到重视。余进韬、张蕊、龚星宇（2022）从动态视域出发，系统考察数字金融对绿色全要素生产率的影响，研究认为数字金融显著提升了绿色全要素生产率，进一步的机制检验表明，数字金融通过绿色技术创新效应和产业结构升级效应的渠道来提升绿色全要素生产率。此外，数字金融不但对本城市的绿色全要素生产率有着正向促进效应，还能辐射带动邻近城市绿色全要素生产率的提升，惠献波（2021）和田杰、谭秋云和陈一明（2021）的研究都有类似的观点，且这篇文献都肯定了数字金融对资源配置的积极影响。与上述研究有一定差异，樊轶侠、徐昊（2021）的研究发现，数字经济与经济绿色化和能源强度间分别呈倒“U”形和“U”形曲线关系，为此认定“能源回弹效应”是导致倒“U”形约束的关键因素。

在“双碳”战略深入推进背景下，数字经济作为经济社会高质量绿色发展关键新动能，一方面数字经济对绿色发展进行赋能，另一方面绿色发展对数字经济增长也有着能动反作用，为此关于数字经济与绿色发展的双向互动关系，尤其是两者的融合发展研究也开始受到一定关注。蒋金荷（2021）认为数字经济与绿色经济高质量融合发展是构建新发展格局的必然要求，同时严格的制度设计和政府组织与全社会行动非常关键。作为国民经济与社会发展的重要领域，农业同数字经济发展和“双碳”目标紧密相关，其中彭育园、李平（2022）关注到数字农业与“双碳”目标的有机融合内容，研究表明数字农业发展与农业“双碳”目标实现进程中实际互为依托，内在目标与逻辑相统一，两者融合发展相得益彰。其中数字农业发展为农业高质量发展提供强大牵引力，而“双碳”战略则对数字农业快速迭代升级有着天然诉求。这同王德平等（2022）认为的信息通信技术的发展阻碍了城市绿色转型进程，同时绿色发展也对信息通信技术水平的提升产生抑制效应，二者互为反向关系，具有明显的不同。

2.1.5 文献评述

总的来看，现有文献关于数字经济产业集聚，从其空间布局、效应及影响因素等方面破题，多借助于包含多维度指标体系的核算方法，如数字经济指数对数字经济发展状况进行评价，并一定程度反映数字经济集聚程度，但事实上直接研究数字经济产业本身集聚的文献还不多，较多的可能表现出数字经济产业对其他行业集聚的影响情况，为数不多的文献也关注到了数字经济产业集聚的驱动因素问题。与此同时，在明晰数字发展理念基础上，对各地绿色发展水平进行评估和表征变得日益迫切，但学术界对绿色发展理念下的绿色发展水平和绩效的评估仍较多采用了构建综合指标体系的方法，具体包括构建绿色发展指数，基于熵值法、熵权-TOPSIS 模型、变异系数和因子分析法等，和数据包络分析方法不同，这些方法大多同时纳入了经济、生态和社会因子。另外，当前具有包容性的绿色全要素生产率作为衡量绿色发展水平和经济发展质量有机协调的关键性指标，常作为研究经济社会绿色高质量发展的重要表征，是研究的一个焦点内容。

本项研究在继承已有文献基础上，能形成一定文献增量。首先，全文以数字经济产业集聚为研究对象，探讨绿色发展视域下数字经济产业集聚的机理、效应和路径问题，区别于现有研究多将数字作为重要生产要素，进而讨论数字经济对绿色发展的潜在影响问题，研究将系统考察数字经济产业集聚绿色化发展的机制，从而对数字经济产业布局及其集聚与绿色发展融合理论与实证研究进行文献拓展。同时研究还区别仅仅从单向维度考察数字经济与绿色发展的研究范式，研究中还通过数字经济与绿色发展共生角度来考察数字经济产业集聚及其路径优化问题，这是现有文献体现不充分的内容。其次，区别于多数相关研究对绿色发展的影响研究多集中于本地区数字经济带来的直接效应，而少有文献考虑空间相邻地区数字经济的空间溢出效应的问题。本文借助产业外部性和产业共生理论对数字经济产业集聚影响绿色发展的内在机理进行深入剖析，实证研究中既充分考虑到空间的关联性，还纳入了数字经济产业集聚对周边区域间接影响的考量。最后，以数字经济产业集聚为研究对象，将碳排放情况作为高质量绿色发展的代理指标开展数字经济产业集聚绿色效应分析时，弥补了省域层面研究的不足，并在该论证过程中研究综合应用文献计量、描述统计、区位熵、空间计量和案例研究等方法。

2.2 绿色发展与数字经济产业集聚：一个理论分析框架

本节内容致力于构建数字经济产业集聚与绿色发展融合的理论分析框架。上一节内容在选题相关研究学术史梳理和文献计量分析前提下，对当前该领域的研究有了相对系统把握，尤其是明确了数字经济与绿色发展研究关键领域及演进状况，这对探讨绿色发展视域下数字经济产业集聚的机理、效应和路径问题的统一分析框架的理论推演有着重要支撑。关于研究理论分析框架的构建，就是要明晰绿色发展理念下数字经济产业集聚赋能外部性的理论依据，以及数字经济产业与绿色发展融合共生在理论上的逻辑及缘由，进而还要明确可能的作用效应，影响的关键因素和环节有哪些，有效的优化路径如何来设计等。

2.2.1 分析框架构建理论基础

2.2.1.1 产业发展理论

产业发展理论专注于研究产业发展进程中的现象及规律、阶段周期、影响要素、产业转移、资源配置及政策等内容。就产业发展规律的解构，涉及一个产业的全生命周期各阶段需具备条件和环境的分析，从而有助于采取相应的政策措施（苏东水，2010）。对产业发展规律的认识不仅有利于决策部门动态调整产业政策，还有利于微观主体采取适宜的发展战略。事实上，产业发展理论最初属于发展经济学的范畴，并主要关注于宏观层面经济社会中产业体系的发展变化及其影响、中观层面产业体系内部关系与机理分析和微观层面个别产业发展的规律性探索（芮明杰，2016）。本项研究的对象——数字经济产业，是继农业和工业经济后的重要经济业态，是以大数据、智能算法、算力平台三要素为支撑的新兴产业形态，对绿色发展理念下数字经济产业集聚机理、效应及路径进行研究，需要借助于产业发展理论系统把握其发展规律、动态特征、作用效应、影响因素、资源配置与发展政策等，这是本项研究的基础性工作和任务，也贯穿着研究的始终。

2.2.1.2 产业布局与集聚理论

产业布局与集聚问题是空间经济学的范畴，属于交叉性学科，该理论不止一个源头，而是融合了国际贸易、产业经济学、发展经济学、经济地理学、制度经济学等多学科，具体涉及贸易理论、区位理论、产业组织理论、发展经济学理论和制度经济学理论等，尤其是20世纪八九十年代以来，学者更倾向于采取综合性方法考察产业空间布局问题（李君华、彭玉兰，2007）。本项研究的主题内容是“数字经济产业集聚”，梳理数字经济产业在绿色发展视域下的集聚机理时，综合利用了产业布局与集聚相关理论，这既涉及产业空间布局的地理区域等自然属性，也涉及规模、技术和开放等经济要素，以及人口、环境政策、政府支出等社会属性，这在理论机理阐释和实证论证环节中都有所体现。

2.2.1.3 空间外部性

外部性是新经济地理学和城市经济学的核心概念，是认识产业集聚的重要理论基础（田相辉、张秀生，2013）。事实上，区域分工—贸易理论对产业地理集聚开展理论阐释的关键内容就是空间外部性，且外部增长是分工引致的报酬递增的重要驱动因素，为此，空间外部性是解释产业空间集聚的关键学理基础，分工产生的空间外部性成为产业地理集聚的主要来源（肖卫东，2013）。马歇尔对外部性给出了最初设想，他认为引起生产活动空间集聚的外部性来源有劳动力市场共享、中间品投入和知识溢出三类情形，其中前两类可归结为规模外部性，具体涉及规模和结构要素，后一类可归结为技术的外部性，如技术要素。本项研究总体上遵循了产业布局的空间外部性，并借此解释绿色发展视域下数字经济产业集聚的机理及效应问题，目前，学术界多将产业集聚分为专业化集聚和多样化集聚两种集聚模式。不同的产业集聚模式所产生的外部性影响不尽相同，进而对绿色发展的影响也可能存在差异。对此，研究将从产业集聚带来的直接效应和溢出效应出发，结合专业化集聚和多样化集聚两种产业集聚模式，分别阐述数字经济产业集聚对绿色发展的影响路径，具体又涉及规模、结构和技术等要素。同时要说明的是外部性理论也给研究中空间计量分析方法的使用提供了坚实的理论基础和合理的经济机制设计。

2.2.1.4　产业共生理论

共生理论原本属于生物学范畴（王珍珍、鲍星华，2012）。循着经济学的思维逻辑，经济学术界早期对共生现象的探索多从生物运动规律角度上考察市场经济运行规律，后续学者则开始拓展共生问题经济学适用的边界。比如，针对经济组织间相互依存关系的研究，针对产业部门间交互融合渗透现象探讨等（胡晓鹏，2008）。进入数字经济时代，信息技术发展及各种经济制度和条件的变化不仅使企业边界模糊化，而产业间的融合更为紧密。通常来看，共生单元应是多样的，有微观企业层面的，有产业部门层面的，还有区域和宏观层面的，加之跨种类共生单元间的组合，延伸出了不同的共生关系组合。在本书中，将聚焦数字经济产业集聚与绿色发展，既要考虑数字经济产业作为新赋能要素其内部共生融合特征问题，同时还借助产业共生分析范式，从区域和宏观层面探究了数字经济产业集聚与绿色发展协同推进的目标、行为模式和可行路径，这些分析论证都遵循了产业共生理论范式。

2.2.2　分析框架推演过程

2.2.2.1　数字经济产业集聚带来绿色发展直接效应的作用路径

数字经济核心产业集聚对区域碳排放的直接效应，指数字经济核心产业集聚对本地碳排放产生的影响。本文分析认为，数字经济产业集聚主要通过规模经济带来的能源消费结构效应、技术效应和产业结构效应作用于本地碳排放，也即数字经济产业集聚的外部性。

从能源消费结构效应来看，数字经济产业的专业化集聚具有 MAR 外部性，可实现同类数字经济企业对集聚区内公共基础设施、中间商品和各类资源等的共同利用，通过提高资源利用效率实现节能，有效降低了煤炭消费量，改善能源消费结构，最终降低本地区碳排放。同时，鉴于其他产业对数字化产品和技术的广泛应用，数字经济产业专业化集聚某种程度上会促使具有产业关联的其他产业专业化集聚，进一步通过共享机制发挥规模经济带来的能源消费结构效应。

从技术效应来看，数字经济产业集聚会引起数字人才和信息在集聚区内的大量集聚与流动，专业化集聚可通过促进行业内企业间节能信息和清洁技术的传播及相互学习，使各企业取长补短不断完善自己的清洁技术和相关产品，多样化集聚则可带来不同领域间的知识碰撞，推进行业间知识技术的跨界融合和互补，促进环保技术创新，降低本地碳排放。同时，数字经济产业专业化集聚会促使集聚区内企业间形成竞争关系，行业内企业为提升自身市场竞争力会不断进行技术创新并自觉履行环保等社会责任，对降低本地碳排放产生正向影响。此外，数字经济产业专业化集聚和多样化集聚带来的创新型数字清洁技术和相关数字产品会进一步运用到与之关联的其他产业中，最终全面降低本地碳排放，促进地区绿色低碳发展。

最后，从产业结构效应来看，数字经济产业集聚将促进数字经济自身发展，并在数字经济与实体经济融合进程中，进而借助直接带动人力资本、科技创新等资源要素使用与配置，实现产业结构的升级（刘洋、陈晓东，2021）。由于经济结构变动会影响环境污染和碳排放，所以数字经济产业带来的产业结构升级将推进绿色环保低碳发展。

2.2.2.2 数字经济产业集聚带来绿色发展溢出效应的作用路径

数字经济产业集聚在影响当地碳排放的同时，也会因其自身的空间相关性对相邻地区的碳排放（碳减排带来积极影响）产生影响，即存在空间溢出效应。

从数字经济的空间关联性来看，各区域之间的数字经济发展水平本身存在显著的空间相关性。数字经济产业集聚会因其带来的规模经济效应和技术效应推动本地数字经济的发展，并通过数字经济的空间相关性影响邻近地区数字经济发展水平，最终影响邻近地区的碳排放。

从技术外溢的角度来看，数字经济产业具有克服空间限制进行信息技术传播的优势，当数字经济产业在本地达到一定的集聚规模后，其产业内和产业间的知识、技术交互网络会随之扩大，由本土知识碰撞而产生的技术创新可通过知识交互网络的扩展和数字信息的无壁垒传播实现区域间的技术外溢，进而影响邻近地区碳排放。

从区域间的“示范效应”来看，一个地区降低本地碳排放的行为，会使相邻地区政府面临舆论压力，从而在节能减排工作中采取类似行为（张素庸、汪传旭、任阳军，2019）。一方面，居民会通过对比各地政府的政策行为，来督促本地政府进行政策改进；另一方面，良好的政策也会吸引邻近地区采用类似政策降低当地碳排放。因此，数字经济产业集聚可通过降低本地碳排放来敦促邻近地区降低碳排放，进而实现绿色发展。

2.2.2.3 数字经济产业集聚带来绿色发展的总效应

结合前述分析，在绿色发展视域下纳入专业化集聚和多样化集聚两种集聚模式考量，数字经济产业集聚外部性的理论作用路径有两条，分别是直接作用路径（直接效应）和间接作用路径（间接效应或溢出效应），并进而形成总效应。

数字经济产业集聚外部性两条理论作用路径符合产业外部性理论设想，其来源可归结于规模、结构和技术的外部性，进而带来包括生产成本、能源利用效率、产业结构转型、空间邻近地区数字经济发展水平提升、技术传播、示范与政策引导的多重外部性影响，促成绿色全要素生产率的提升，最终助力碳减排目标的实现和绿色低碳发展，相应的理论逻辑见图 2-1。

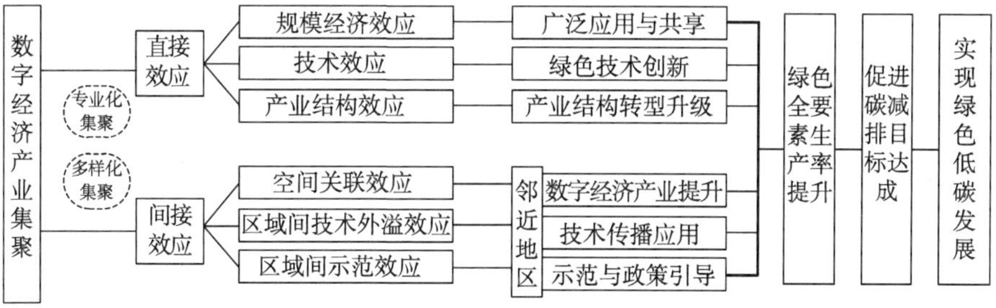

图 2-1　数字经济产业集聚绿色发展效应的理论机理及作用路径

2.3 本章小结

本章基于数字经济和绿色发展相关理论研究回顾展望、作用机理分析框架的理论推演及历史资料的验证，希望为全文研究的开展搭建一个总体的理论分析框架，尤其是重点关注数字经济产业集聚绿色发展效应的理论机理及作用路径，从而支持数字经济产业集聚分析的开展，包括评价方法和指标的选择、数字经济产业集聚绿色发展效应及路径优化，具体包括但不限于数字经济产业集聚绿色发展效应如何，有哪些因素对其形成影响，数字经济产业集聚与绿色发展共生融合的机遇挑战、目标模式，如何通过优化其路径最大程度实现数字经济产业集聚与绿色发展协同推进。

3 绿色发展视域下数字经济产业集聚态势及特征分析

本章内容纳入绿色发展要素考量，从产业规模、产业结构、产业分布等方面系统梳理和分析我国数字经济产业整体发展现状。此后，利用全国省域面板数据，运用基于数字经济产业从业人数的区位熵方法对我国数字经济产业集聚水平进行测度，并分省际、区域和全国就数字经济产业集聚水平进行比较分析，最后还初步探讨了目前数字经济产业集聚绿色实践的具体模式。

3.1 数字经济产业发展现状

近年来，伴随着大数据、云计算、物联网等数字技术的快速发展，数据价值化加速推进，数字技术与实体经济日益融合，数字经济规模不断扩张，我国已快速进入数字经济时代。2021 年《中国数字经济发展白皮书》显示，2005—2020 年，中国数字经济规模由最初的 2.6 万亿元增至 2020 年的 39.2 万亿元，年均增长 19.83%。随着新一轮科技和产业变革的加速推进，加之疫情及各类冲突的持续影响，数字经济已成为目前兼具活力、创新力和辐射力的重要业态，是中国经济稳步增长的驱动力之一，更是经济高质量发展的重要抓手。相关数据统计表明，2015—2020 年，尽管我国数字经济增速有所放缓，但仍然以绝对优势高于 6 年同期的 GDP 名义增速。不仅如此，2015—2020 年，我国数字经济在 GDP 中的占比由 14.2%逐年提升至 38.6%，且 2020 年占比同比提升 2.4%。由此可见，数字经济在国民经济中的地位日益凸显。此外，在数字经济快速发展的背景下，其在工业、农业和服务业中的应用日益推进，据不完全估计，2015—2020 年，数字经济在农业、工业和服务业增加值中的占比分别由 6.2%、16.8%、29.6%上升至 8.9%、21%、40.7%。

数字经济成为我国经济发展新动能的重要力量。然而，目前国内外学者对数字经济概念的界定尚未形成统一共识。例如，吴翌琳和王天琪（2021）认为数字经济的狭义定义主要围绕信息通信技术产业和个别数字化程度高的产业展开。Ahmad 和 Ribarsky（2018）则将数字经济定义为满足“数字订购”（电子商务）或“数字交付”特征交易的一种统称，包括数字促成产业、数字中介平台产业、电子商务产业等内容。《中国数字经济发展白皮书》将“数字经济”定义如下：以数字化知识和信息为生产要素，以数字技术为驱动力并以现在信息网络为载体，进而通过数字技术与实体经济深度融合，加速重构经济发展与治理模式的新兴经济业态，内容包括数字产业化、产业数字化、数字化治理和数据价值化。从数字经济的定义中不难发现，数字经济产业是数字经济的重要内容和关键部分。

数字经济产业内涵丰富。《数字经济及其核心产业统计分类（2021）》的内容显示，数字经济的核心产业范围主要包括数字产品制造业、数字产品服务业、数字技术应用业、数字要素驱动业及数字化效率提升业五大门类。其中，前四大门类成为数字经济的核心产业门类。从进一步的狭义层面来看，数字经济的核心产业主要包括通信业、计算机制造业（互联网等），电子及通信设备制造业（如电子信息制造业、电子元件及电子专用材料制造业、电子器件制造业等），信息传输、计算及服务业等。

3.1.1 我国数字经济产业发展总体情况

数字经济产业化是我国数字经济中的重要组成部分，2021 年《中国数字经济发展白皮书》显示，2020 年，我国数字经济产业化规模高达 7.5 万亿元，在数字经济中的占比为 19.1%，在同期 GDP 中的占比为 7.3%。数字经济产业化进一步缓解了疫情对我国实体经济的巨大冲击。电信业是数字经济产业化中的重要组成部分，尤其是在疫情防控时期，我国通信业在疫情防控工作以及网络强国建设方面发挥着举足轻重的作用。

笔者研究 2014—2020 年我国电信业的收入规模和增速情况，可知我国电信业收入整体呈增长的态势，由 2014 年的 1.15 万亿元增加至 2020 年的 1.36 万亿元，7 年间增长了 18.26%，年均增速为 3.4%。由此可知，随着数字经济的快速发展以及国家政策等的支持，我国电信业发展迅速。

表 3-1 展示了 2013—2020 年我国互联网域名数、宽带接入口数、业务收入规模情况。由表 3-1 可知，2013—2020 年，我国互联网宽带接入口个数呈快速增长的态势，由 2013 年的 3.59 亿个快速增加至 2020 年的 9.46 亿个，增长了 1.64 倍，年均增速高达 16%。

表 3-1 2013—2020 年我国互联网域名数、宽带接入口数、业务收入规模情况

年份	2013	2014	2015	2016	2017	2018	2019	2020
互联网宽带接入口（亿个）	3.59	4.05	5.77	7.13	7.76	8.68	9.16	9.46
增速（%）	—	13	42	24	9	12	6	3
互联网域名数（亿个）	0.16	0.19	0.29	0.38	0.36	0.37	0.50	0.41
增速（%）	—	19	53	31	-5	3	35	-18
互联网收入（万亿元）	0.33	0.42	0.54	0.67	0.79	0.98	1.14	1.28
增速（%）	—	28	29	22	19	24	16	13

资料来源：2021 年《中国数字经济发展白皮书》、工业和信息化部。

在考察期内，我国互联网域名数由 2013 年的 0.16 亿个增加至 2020 年的 0.41 亿个，增长了 1.56 倍，年均增速为 17%；我国互联网业务规模收入呈显著增长的态势，由 2013 年的 0.33 万亿元增加至 2020 年的 1.28 万亿元，增长了 2.88 倍，年均增速为 21.57%。由此可见，随着国家政府对互联网等的支持力度的增加以及我国互联网技术的不断进步，我国互联网基础资源和基础设施不断丰富，业务收入得到了快速的增长。

综上可知，我国以电信业以及互联网业等为代表的数字经济发展，为我国数字经济产业能力的提升提供了强大的动力，进而促使数字化产品、服务的功能不断完善。加之新冠疫情的冲击，数字经济产业中的数字化产品和服务得到不断改进，进一步加剧了数字经济产业的快速发展，也为我国数字经济社会化转型提供了重要的支撑。

3.1.2 我国数字经济主要产业的企业数量及分布情况

3.1.2.1 全国数字经济主要产业企业数量的整体分布

伴随着国家对数字经济产业的大力扶持和相关技术的不断发展，我国数字经济主要产业的企业市场发展越来越快。图 3-1 报告了 2003—2020 年我国电子及通信设备制造业和电子计算机及办公设备制造业的企业数量波动情况。

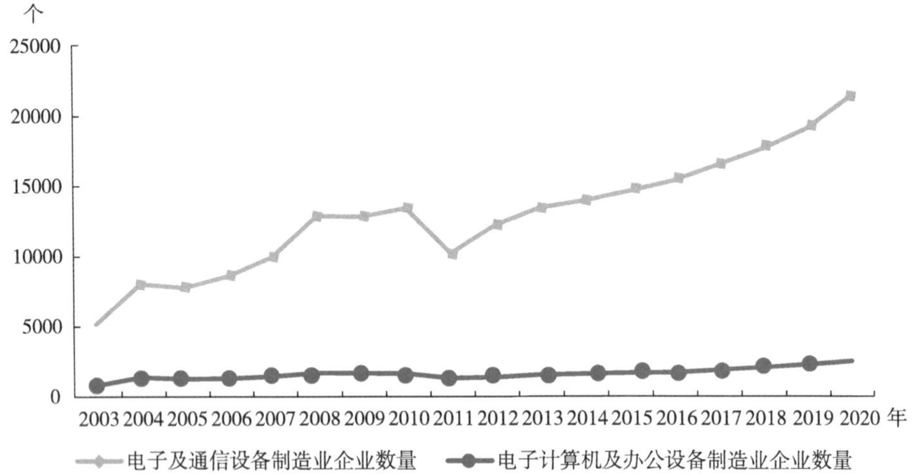

图 3-1　2003—2020 年我国电子及通信设备制造业和电子计算机及办公设备制造业企业数量波动情况

［资料来源：《中国高技术产业统计年鉴》（2004—2021 年）］

不难发现，2003—2020 年，我国电子及通信设备制造业发展迅速，相关的企业越来越多，尤其是 2011—2020 年，我国电子及通信设备制造业企业的数量呈快速增长的态势。相比较而言，在考察期内，我国电子计算机及办公设备制造业的企业数量相对较少，且增长较为缓慢。

3.1.2.2　省际层面数字经济主要产业企业数量分布

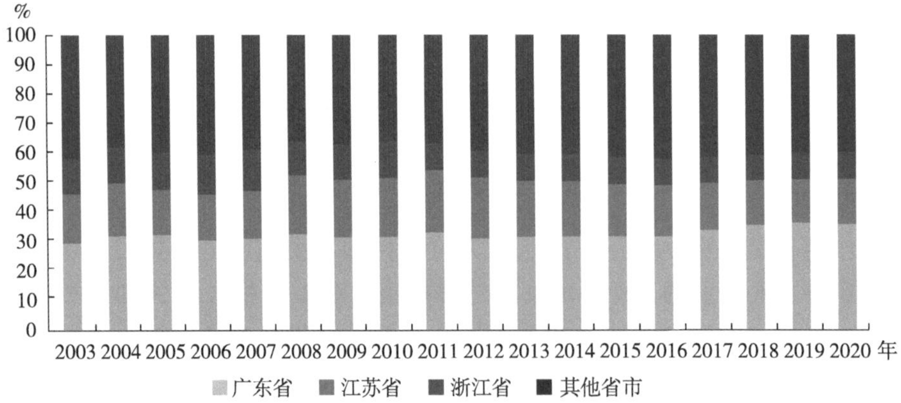

图 3-2　2003—2020 年我国主要省（自治区、直辖市）电子及通信设备制造业的企业数量占比情况

［资料来源：《中国高技术产业统计年鉴》（2004—2021 年）］

图 3-2 显示的是 2003—2020 年我国主要省（自治区、直辖市）电子及通信设备制造业企业数量占比情况。不难发现，在考察期内，广东省、江苏省和浙江省电子及通信设备制造业企业数量之和在全国中的占比在 60%左右，是我国电子及通信设备制造业企业的主要集中地。其中，广东省电子及通信设备制造业企业数量在全国范围内的占比最大，始终保持在 32%左右；江苏省的相关企业数量占比紧随其后，年均占比为 17.61%，且近两年有波动下降的趋势；相对而言，浙江省的相关企业数量占比较少，年均占比为 10.56%。

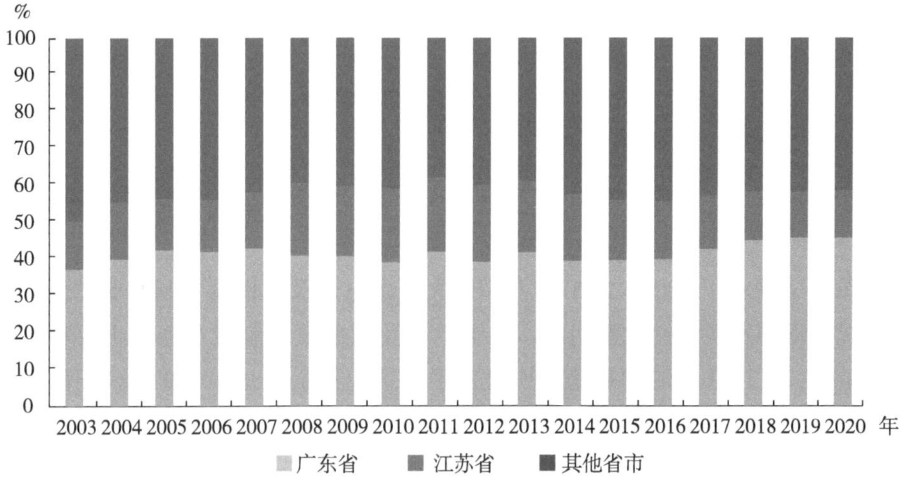

图 3-3　2003—2020 年我国主要省（自治区、直辖市）
电子计算机及办公设备制造业的企业数量所占比重

［资料来源：《中国高技术产业统计年鉴》（2004—2021 年）］

图 3-3 报告了 2003—2020 年我国主要省（自治区、直辖市）电子计算机及办公设备制造业的企业数量所占比重。不难发现，在考察期内，广东省和江苏省电子计算机及办公设备制造业企业数量之和在全国中的占比在 50%左右，是我国电子计算机及办公设备制造业企业的主要集中地。其中，广东省电子计算机及办公设备制造业企业数量在全国范围内的占比最大，始终围绕 41.42%上下浮动；相比较而言，江苏省的相关企业数量在全国范围内的占比较小，在考察期内的年均占比为 16.35%。

3.1.2.3　区域数字经济主要产业企业数量分布

我国幅员辽阔，不同地区的地理和人文环境各异。依据《关于西部大开发若干政策措施的实施意见》《中共中央　国务院关于促进中部地区崛起的若干意见》等文件精神，中国地区间经济、产业和人口结构等存在明显差异，为客观反映不同区域的社会经济发展情况，中国的经济区域被划分为东部、中部、西部和东北四大地区。各区域省（自治区、直辖市）的划分如表 3-2 所示。

表 3-2　我国四大经济区各省（自治区、直辖市）的分布情况

经济区	经济区包含的省（自治区、直辖市）
东部地区	北京市、天津市、河北省、上海市、江苏省、浙江省、福建省、山东省、广东省、海南省、台湾地区、香港特别行政区、澳门特别行政区
中部地区	山西省、安徽省、江西省、河南省、湖北省、湖南省
西部地区	内蒙古自治区、广西壮族自治区、重庆市、四川省、贵州省、云南省、西藏自治区、陕西省、甘肃省、青海省、宁夏回族自治区、新疆维吾尔自治区
东北地区	辽宁省、吉林省、黑龙江省

资料来源：《关于西部大开发若干政策措施的实施意见》《中共中央　国务院关于促进中部地区崛起的若干意见》等文件。

图 3-4 展示了 2003—2020 年我国四大区域电子及通信设备制造业的企业数量情况。不难发现，在考察期内，我国电子及通信设备制造业企业主要集中在东部地区，且近几年的增加趋势明显，年均企业数量高达 10269 个。相比较而言，我国中部地区、西部地区和东北地区的电子及通信设备制造业企业数量均较少，年均企业数量分别为 1587 个、826 个、247 个；其中，我国中部地区、西部地区电子及通信设备制造业企业数量也呈增长态势，而东北地区相关企业数量增长不明显。

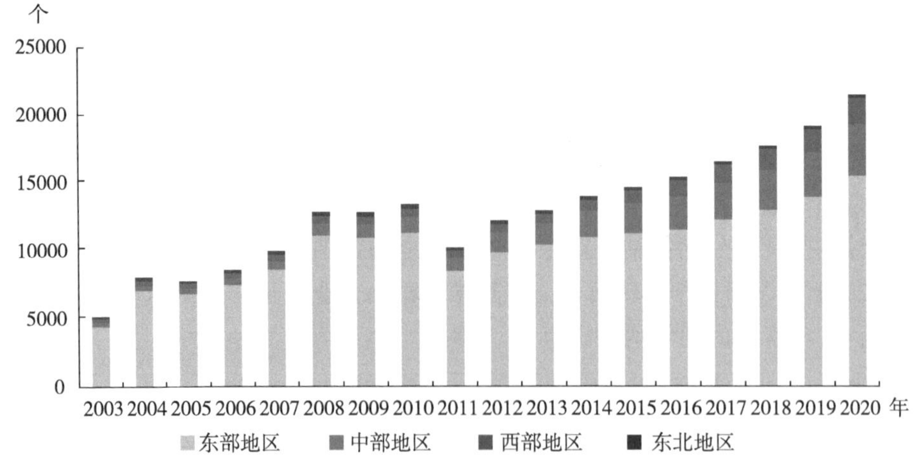

图 3-4　2003—2020 年我国四大区域电子及通信设备制造业的企业数量情况

［资料来源：《中国高技术产业统计年鉴》（2004—2021 年）］

图 3-5 展示了 2003—2020 年我国四大区域电子计算机及办公设备制造业的企业数量情况。不难发现，在考察期内，中国电子计算机及办公设备制造业类企业多集中于东部地区，年均企业数量是 1341 个，特别是自 2011 年以来，东部地区该类型企业数量呈显著的增长态势。相比较而言，我国中部地区、西部地区和东北地区的电子计算机及办公设备制造业企业数量均较少，年均企业数量分别为 124 个、127 个、36 个；其中，中部地区和西部地区电子计算机及办公设备制造业企业数量有明显的增长趋势，而东北地区的电子计算机及办公设备制造业企业数量基本平稳。

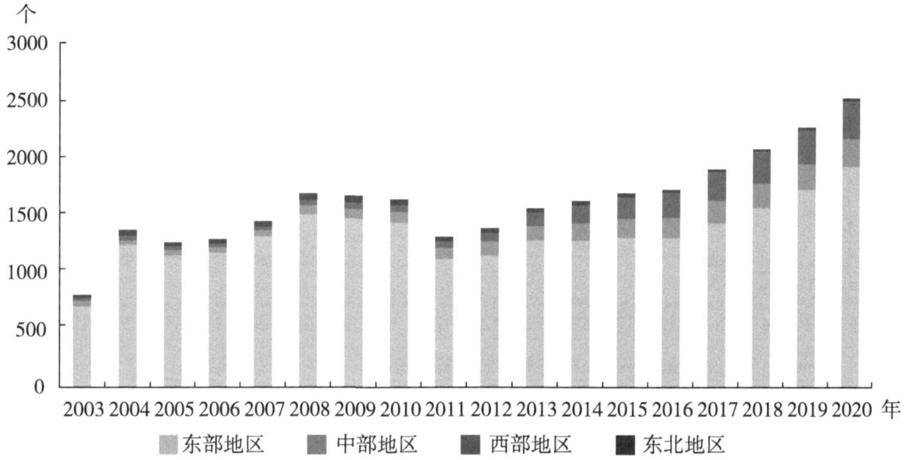

图 3-5　2003—2020 年我国四大区域电子计算机及办公设备制造业的企业数量情况

［资料来源：《中国高技术产业统计年鉴》（2004—2021 年）］

3.1.3　我国数字经济主要产业的从业人数分布

3.1.3.1　全国数字经济主要产业从业人数的整体分布

随着国家对数字经济产业的大力支持，越来越多的人参与到数字经济产业行业。图 3-6 报告了 2003—2020 年我国①计算机制造业，电子及通信设备制造业和信息传输、计算及服务业从业人数及其变化情况。不难发现，整体

① 由于数据限制，目前只有 25 个省份（含自治区、直辖市）的相关数据，25 个省份（含自治区、直辖市）主要包括北京市、天津市、河北省、山西省、内蒙古自治区、辽宁省、吉林省、黑龙江省、上海市、江苏省、浙江省、安徽省、福建省、江西省、山东省、河南省、湖北省、湖南省、广东省、广西壮族自治区、重庆市、四川省、贵州省、云南省、陕西省。

而言，2003—2020 年，一方面，我国参加电子及通信设备制造业以及信息传输、计算及服务业的人数均呈波动上升的态势，而参加计算机制造业的人数整体呈波动平稳的态势；另一方面，在考察期内，我国电子及通信设备制造业的年均从业人数最多，高达 618.57 万人次/年，其次为信息传输、计算及服务业的年均人数，为 251.27 万人次/年，而我国参加计算机制造业的年均从业人数相对较少，为 144.02 万人次/年。

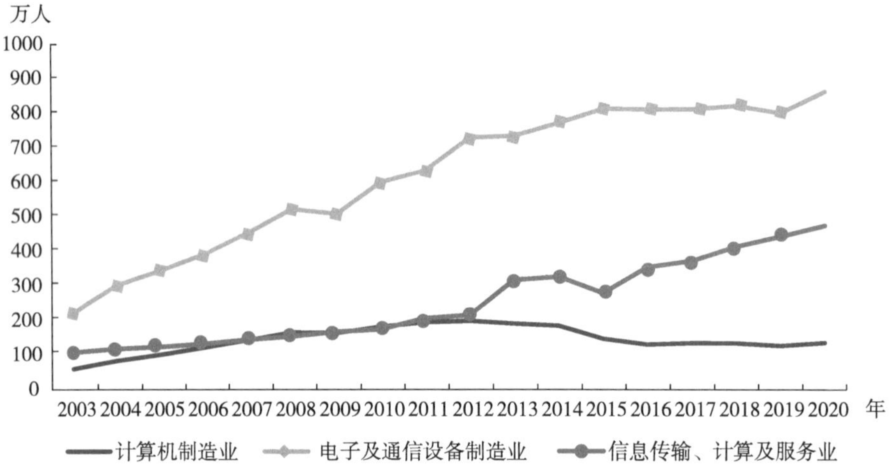

图 3-6　2003—2020 年我国计算机制造业、电子及通信设备制造业和信息传输、计算及服务业从业人数及其变化情况

[资料来源：《中国高技术产业统计年鉴》（2004—2021 年）]

分产业来看，就电子及通信设备制造业的从业人数变化而言，2003—2008 年，由于电子及通信设备制造业为发展的起步阶段，参加该产业的人数经历了快速增长，由 221.58 万人次迅速增长至 521.78 万人次；由于受金融危机等因素的影响，与 2008 年的 521.78 万人次相比，2009 年电子及通信设备制造业的从业人数下降至 508.60 万人次；2009 年之后，在国家政策等的大力支持下，该产业的从业人数又呈波动增长的态势，由 2010 年的 599.94 万人次波动增加至 2020 年的 862.14 万人次。就信息传输、计算及服务业的从业人数变化而言，2003—2012 年参加信息传输、计算及服务业的人数增长较为缓慢，由 2003 年的 106.90 万人次缓慢增加至 2012 年的 215.25 万人次；2012—2015 年，该产业的从业人数在经历了 2012—2013 年的快速增长之后，在 2013—2015 年又呈下降趋势，由 2013 年的 317.74 万人次下降至 2015 年的 279.42 万人次；之后，2015—2020 年，该产业的从业人数又呈快速增长的态势，由 2015 年的 279.42 万人次快速增加至 2020 年的 474.30 万人次。就计算机制造业的从业人数变化而言，2003—2008 年计算机制造业的从业人数呈快速增长的态势，由 2003 年的 59.42 万人次快速增加至 2008 年的 165 万人次；2008—2012 年，该产业的从业人数呈波动增长的态势，由 2008 年的 165 万人次波动增加至 2012 年的 198.16 万人次；2012—2020 年，该产业的从业人数增长较为缓慢，呈波动平稳的态势，由 2012 年的 198.16 万人次波动下降至 2020 年的 135.19 万人次。

3.1.3.2　省际数字经济主要产业从业人数分布

（1）省际计算机制造业从业人数情况。图 3-7 报告了 2003—2020 年我国主要省（自治区、直辖市）计算机制造业从业人数及其变化情况。不难发现，2003—2020 年，北京市、天津市、辽宁省和福建省计算机制造业的从业人数呈“平稳”的态势，且从业人数均较少；在考察期内，山东省和上海市计算机制造业的从业人数相较前四省市较高，人数变化呈“波动上升—波动下降”的态势；相比较而言，江苏省和广东省计算机制造业的从业人数均较多，且在考察期内从业人数变化呈“快速上升—缓慢上升—波动下降”的态势。综合来看，2003—2020 年，8 省（自治区、直辖市）计算机制造业年均从业人数由多到少的顺序依次为：广东省（54.24 万人/年）>江苏省（34.78 万人/年）>上海市（11.02 万人/年）>山东省（6.31 万人/年）>福建省（5.44 万人/年）>北京市（1.82 万人/年）>天津市（1.46 万人/年）>辽宁省（1.38 万人/年）。

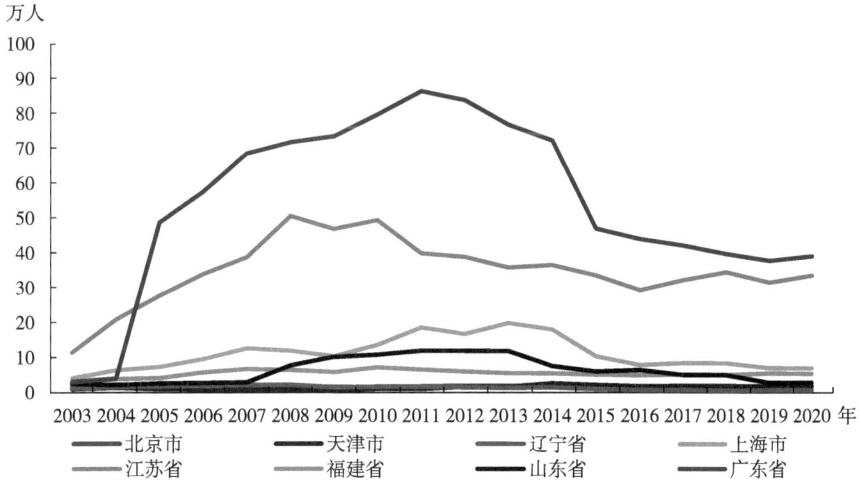

图 3-7　2003—2020 年我国主要省（自治区、直辖市）计算机制造业从业人数及其变化情况

［资料来源：《中国高技术产业统计年鉴》（2004—2021 年）］

（2）省际电子及通信设备制造业从业人数情况。图 3-8 报告了 2003—2020 年我国主要省（自治区、直辖市）电子及通信设备制造业从业人数及其变化情况。不难发现，2003—2020 年，北京市、天津市、上海市、福建省、浙江省和四川省电子及通信设备制造业的从业人数呈“平稳”的态势，且从业人数均相对较少；在考察期内，江苏省计算机制造业的从业人数相较前六省市较高，人数变化呈“波动上升—波动下降”的态势；相比较而言，广东省电子及通信设备制造业的从业人数最多，且在考察期内人数变化整体呈“上升”的态势。综合来看，2003—2020 年，8 省（自治区、直辖市）电子及通信设备制造业年均从业人数由多到少的顺序依次为：广东省（244 万人/年）>江苏省（117.98 万人/年）>浙江省（34.08 万人/年）>上海市（24.41 万人/年）>福建省（22.88 万人/年）>四川省（16.82 万人/年）>天津市（13.23 万人/年）>北京市（10.27 万人/年）。

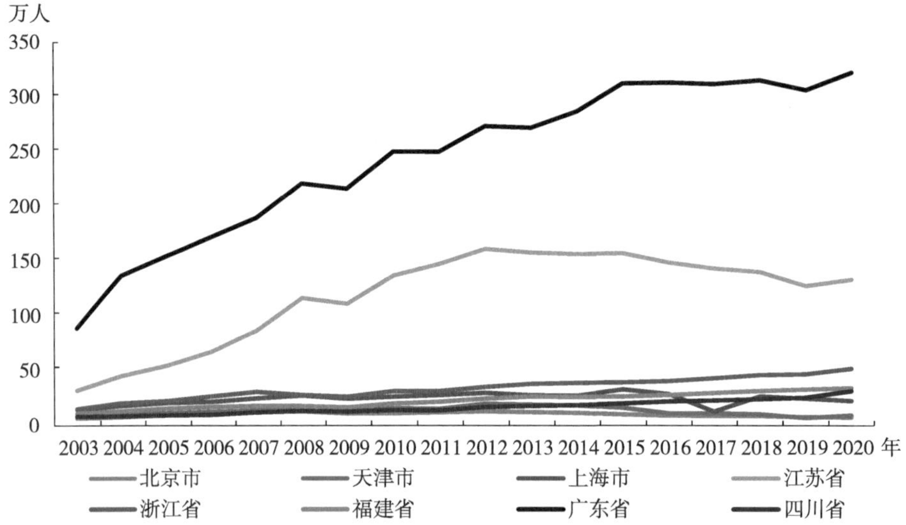

图 3-8　2003—2020 年我国主要省（自治区、直辖市）电子及通信设备制造业从业人数及其变化情况

[资料来源：《中国高技术产业统计年鉴》（2004—2021 年）]

（3）省际信息传输、计算及服务业从业人数情况。图 3-9 展现了 2003—2020 年我国主要省（自治区、直辖市）信息传输、计算及服务业从业人数及其变化情况。不难发现，2003—2020 年，浙江省和河南省信息传输、计算及服务业从业人数呈“缓慢上升”的态势；2003—2012 年，广东省、江苏省、上海市、山东省和四川省信息传输、计算及服务业从业人数呈“缓慢上升”

的态势，而2012—2020年，五省信息传输、计算及服务业从业人数则呈“波动上升”的态势。在考察期内，2003—2014年，北京市信息传输、计算及服务业从业人数呈“上升”的态势，而2014—2015年，受政策等因素的影响，北京市信息传输、计算及服务业从业人数则呈快速下降的趋势，由2014年的61.11万人急剧下降至2015年的6.80万人；2015—2020年，北京市信息传输、计算及服务业从业人数又快速增长，由2015年的6.80万人快速增长至2020年的92.30万人。综合来看，2003—2020年，8省（自治区、直辖市）信息传输、计算及服务业年均从业人数由多到少的顺序依次为：北京市（46.55万人/年）>广东省（30.95万人/年）>江苏省（17.68万人/年）>上海市（17.27万人/年）>浙江省（13.75万人/年）>山东省（11.52万人/年）>四川省（11.42万人/年）>河南省（8.54万人/年）。

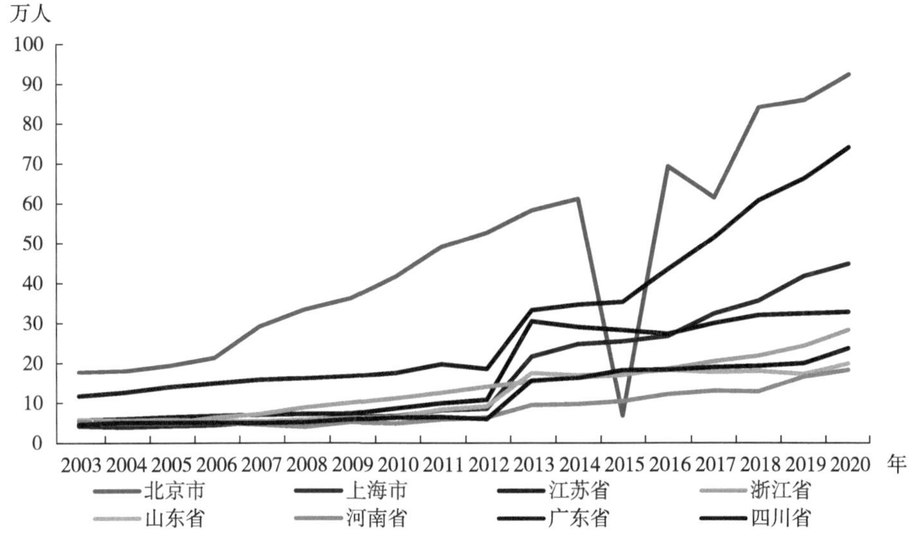

图3-9 2003—2020年我国主要省（自治区、直辖市）信息传输、计算及服务业从业人数及其变化情况

（资料来源：Wind数据库）

3.1.3.3 不同区域数字经济主要产业从业人数分布

（1）不同区域计算机制造业的从业人数情况。为进一步了解我国不同经济区域数字经济主要产业的发展情况，本小节细致分析了四大经济区域数字经济主要产业的从业人数情况。图3-10报告了在现有数据基础上，2003—2020年我国四大经济区域计算机制造业从业人数及其变化情况。不难发现，

2003—2020年，东部地区计算机制造业的从业人数呈“波动上升—波动下降”的态势；在考察期内，西部地区计算机制造业的从业人数呈“波动上升”的态势，东北地区的人数变化较为平稳，中部地区计算机制造业的从业人数呈“缓慢上升”的态势。相比较而言，2003—2020年，东部地区由于经济发展水平高，计算机制造业的从业人数最多，年均人数高达122.05万人，西部地区、中部地区和东北地区参加计算机制造业的年均人数均较少，分别为14.36万人、5.97万人、1.64万人。综合而言，东部地区是我国计算机制造业的集中地区，是相关从业人员的主要集中地。

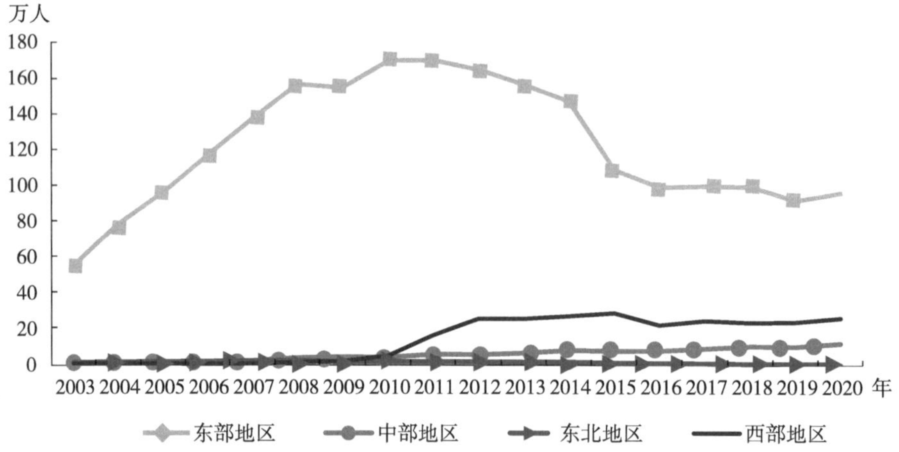

图3-10　2003—2020年我国四大区域计算机制造业从业人数及其变化情况

［资料来源：《中国高技术产业统计年鉴》（2004—2021年）］

具体到各个区域，图3-11报告了2003—2020年我国东部区域主要省（自治区、直辖市）计算机制造业从业人数及其变化情况。不难发现，2003—2020年，我国东部区域的江苏省和广东省为计算机制造业从业人数最多的两个省份，且广东省从业人数远大于江苏省；上海市、山东省和福建省计算机制造业从业人数虽然较多，但远不及江苏省和广东省，而北京市、天津市、河北省、浙江省计算机制造业的从业人数均较少且无明显增加趋势。

综合来看，2003—2020年东部区域主要省（自治区、直辖市）计算机制造业年均从业人数由多到少的顺序依次为：广东省（57.79万人/年）>江苏省（34.78万人/年）>上海市（11.02万人/年）>山东省（6.31万人/年）>福建省（5.44万人/年）>浙江省（3.18万人/年）>北京市（1.82万人/年）>天津市（1.46万人/年）>河北省（0.24万人/年）。

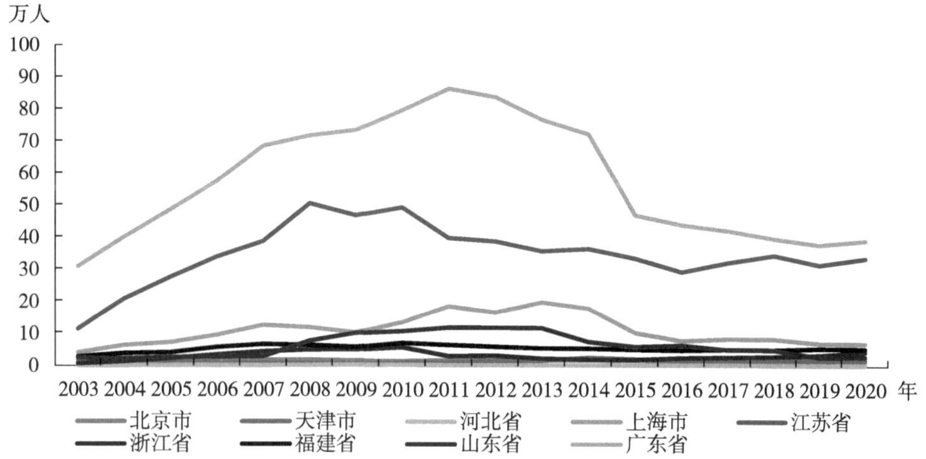

图 3-11　2003—2020 年我国东部区域主要省（自治区、直辖市）计算机制造业从业人数及其变化情况

［资料来源：《中国高技术产业统计年鉴》（2004—2021 年）］

图 3-12 报告了 2003—2020 年我国中部区域主要省（自治区、直辖市）计算机制造业从业人数及其变化情况。不难发现，2003—2020 年，我国中部区域内，安徽省和江西省为计算机制造业从业人数较多的两个省份，且安徽省计算机制造业从业人数在 2014—2020 年均最多；河南省、湖北省和湖南省计算机制造业的从业人数相对较少，山西省计算机制造业的从业人数最少。综合来看，2003—2020 年中部区域主要省（自治区、直辖市）计算机制造业年均从业人数由多到少的顺序依次为：安徽省（15.80 千人/年）>江西省（14.98 千人/年）>湖北省（10.26 千人/年）>河南省（8.79 千人/年）>湖南省（7.07 千人/年）>山西省（2.78 千人/年）。

图 3-13 报告了 2003—2020 年我国东北区域主要省（自治区、直辖市）计算机制造业从业人数及其变化情况。不难发现，2003—2020 年，我国东北区域内辽宁省为计算机制造业从业人数较多的省份，但在 2008—2020 年呈波动下降的趋势；在考察期内，吉林省和黑龙江省计算机制造业的从业人数均相对较少，且呈平稳的态势。综合来看，2003—2020 年东北区域主要省（自治区、直辖市）计算机制造业年均从业人数由多到少的顺序依次为：辽宁省（13.79 千人/年）>黑龙江省（1.46 千人/年）>吉林省（1.15 千人/年）。

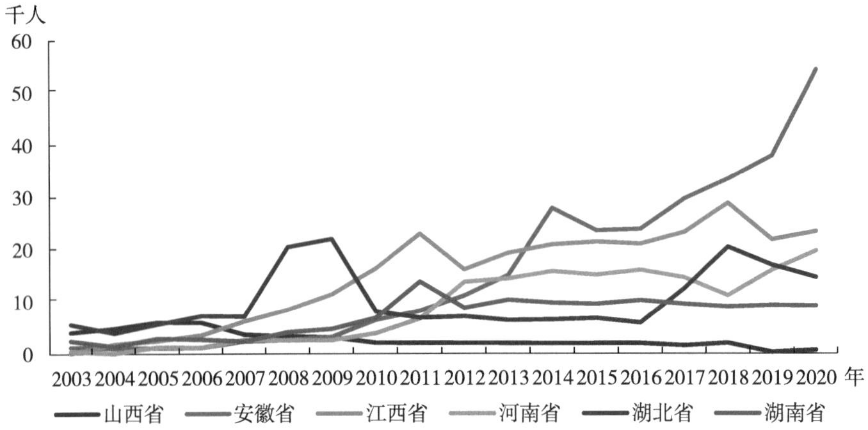

图 3-12　2003—2020 年我国中部区域主要省（自治区、直辖市）计算机制造业从业人数及其变化情况

［资料来源：《中国高技术产业统计年鉴》（2004—2021 年）］

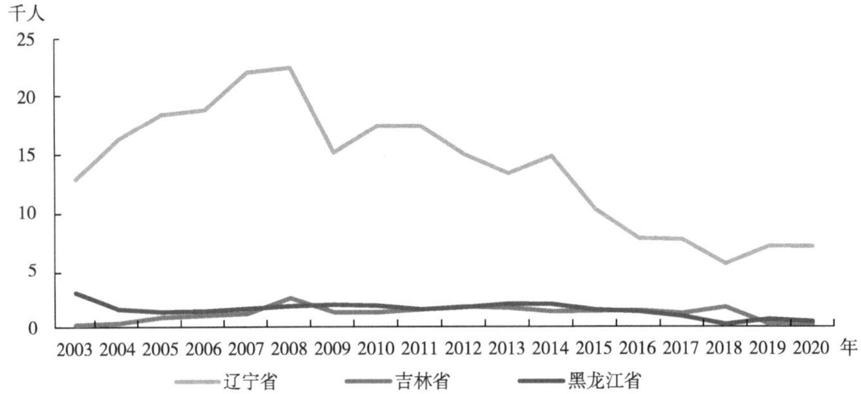

图 3-13　2003—2020 年我国东北区域主要省（自治区、直辖市）计算机制造业从业人数及其变化情况

［资料来源：《中国高技术产业统计年鉴》（2004—2021 年）］

图 3-14 报告了 2003—2020 年我国西部区域主要省（自治区、直辖市）计算机制造业从业人数及其变化情况。不难发现，2003—2020 年，我国西部区域内重庆市和四川省计算机制造业从业人数均较多，且重庆市近几年计算机制造业从业人数呈上升的趋势，而四川省计算机制造业从业人数有所下降；在考察期内，内蒙古自治区、广西壮族自治区、云南省和陕西省计算机制造业的从业人数均相对较少，且无明显增加的态势。综合来看，2003—2020 年西部

区域主要省（自治区、直辖市）计算机制造业年均从业人数由多到少的顺序依次为：四川省（69.20千人/年）>重庆市（59.23千人/年）>广西壮族自治区（12.31千人/年）>云南省（1.19千人/年）>陕西省（0.34千人/年）>内蒙古自治区（0.27千人/年）。

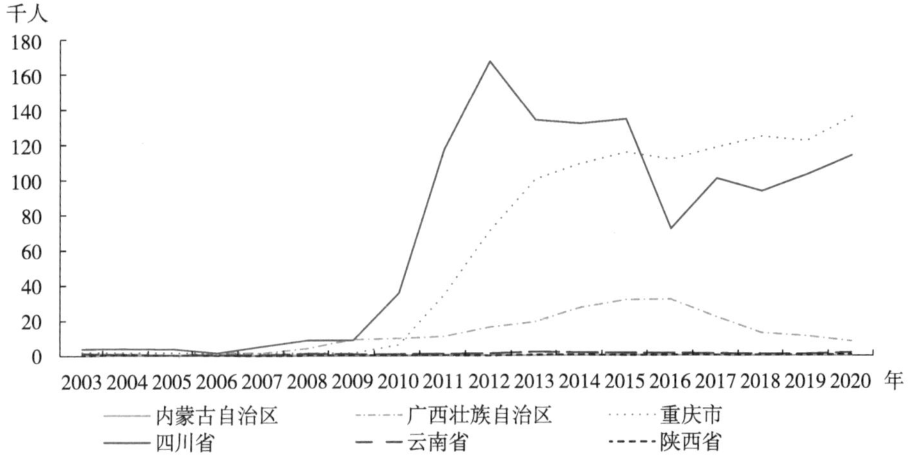

图3-14　2003—2020年我国西部区域主要省（自治区、直辖市）计算机制造业从业人数及其变化情况

［资料来源：《中国高技术产业统计年鉴》（2004—2021年）］

（2）不同区域电子及通信设备制造业的从业人数情况。图3-15报告了在现有数据基础上，2003—2020年我国四大区域电子及通信设备制造业从业人数及其变化情况。不难发现，2003—2020年，东部地区电子及通信设备制造业的从业人数呈“波动上升”的态势；考察期内，中部地区和西部地区电子及通信设备制造业的从业人数呈“缓慢上升”的态势，而东北地区的从业人数变化较为平稳。相比较而言，2003—2020年，东部地区由于经济发展水平高，参加电子及通信设备制造业的人数最多，年均从业人数高达496.04万人，其次为中部地区电子及通信设备制造业的年均从业人数，为78.04万人，西部地区电子及通信设备制造业的年均从业人数位列第三位，为36.43万人，而东北地区电子及通信设备制造业的年均从业人数最少，仅为8.06万人。综合而言，东部地区和中部地区是我国电子及通信设备制造业的集中地区，是相关从业人员的主要集中地。

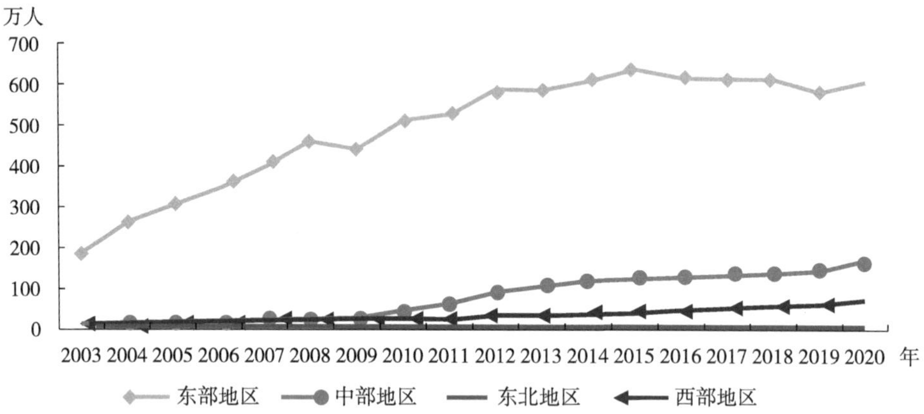

图 3-15　2003—2020 年我国四大区域电子及通信设备制造业从业人数及其变化情况

［资料来源：《中国高技术产业统计年鉴》（2004—2021 年）］

具体到各个区域，图 3-16 报告了 2003—2020 年我国东部区域主要省（自治区、直辖市）电子及通信设备制造业从业人数及其变化情况。

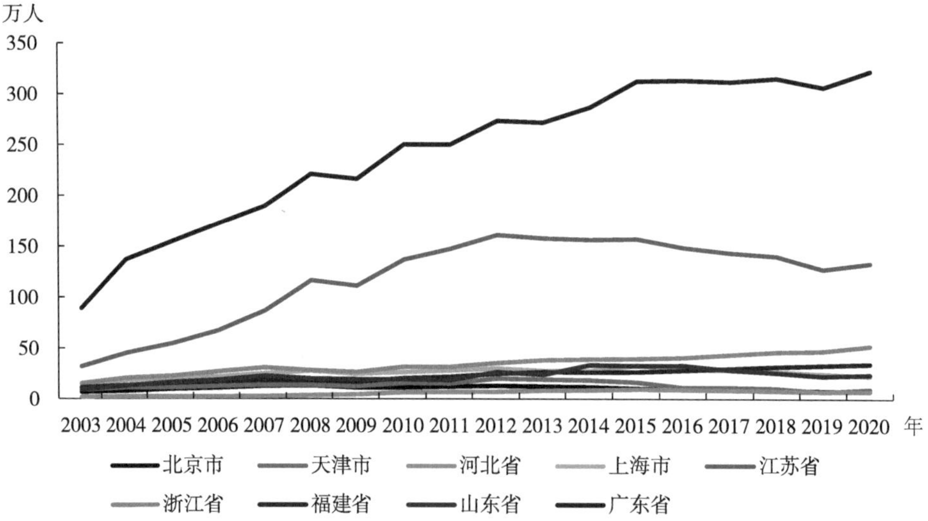

图 3-16　2003—2020 年我国东部区域主要省（自治区、直辖市）电子及通信设备制造业从业人数及其变化情况

［资料来源：《中国高技术产业统计年鉴》（2004—2021 年）］

不难发现，2003—2020 年，我国东部区域的江苏省和广东省为电子及通信设备制造业从业人数最多的两个省份，且广东省从业人数远大于江苏省；北京市、天津市、河北省、上海市、浙江省、山东省和福建省的电子及通信设备制造业从业人数均较少，且无明显增加趋势。综合来看，2003—2020 年东部区域主要省（自治区、直辖市）电子及通信设备制造业年均从业人数由多到少的顺序依次为：广东省（244.00 万人/年）>江苏省（117.98 万人/年）>浙江省（34.08 万人/年）>上海市（25.27 万人/年）>福建省（22.88 万人/年）>山东省（22.50 万人/年）>天津市（13.22 万人/年）>北京市（10.27 万人/年）>河北省（5.85 万人/年）。

图 3-17 报告了 2003—2020 年我国中部区域主要省（自治区、直辖市）电子及通信设备制造业从业人数及其变化情况。不难发现，自 2010 年以来，河南省一跃成为中部区域电子及通信设备制造业从业人数最多省份；山西省、安徽省、江西省、湖北省和湖南省电子及通信设备制造业的从业人数相对较少，但考察期内均呈增长的态势。综合来看，2003—2020 年中部区域主要省份电子及通信设备制造业年均从业人数由多到少的顺序依次为：河南省（22.60 万人/年）>江西省（14.14 万人/年）>湖南省（12.75 万人/年）>湖北省（11.32 万人/年）>安徽省（9.82 万人/年）>山西省（7.41 万人/年）。

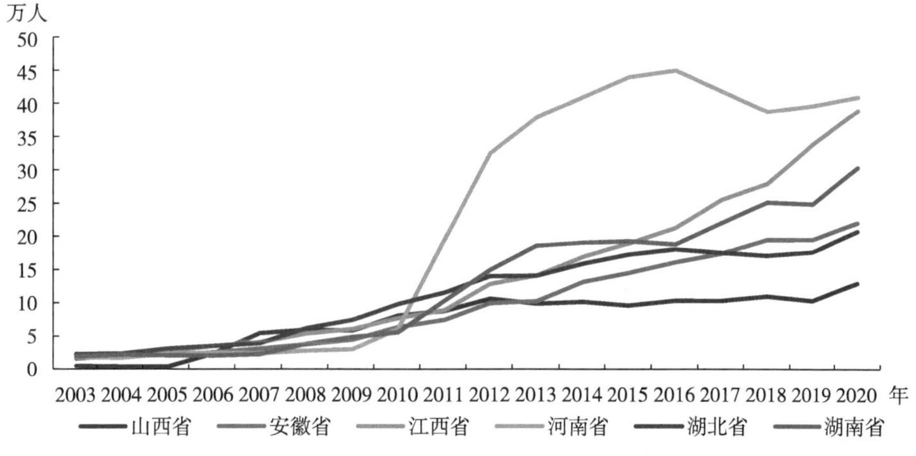

图 3-17　2003—2020 年我国中部区域主要省（自治区、直辖市）电子及通信设备制造业从业人数及其变化情况

［资料来源：《中国高技术产业统计年鉴》（2004—2021 年）］

图 3-18 报告了 2003—2020 年我国东北区域主要省（自治区、直辖市）电子及通信设备制造业从业人数及其变化情况。不难发现，2003—2020 年，我国东北区域内辽宁省为电子及通信设备制造业从业人数较多的省份，但 2009—2020 年为“波动下降”期；在考察期内，吉林省和黑龙江省电子及通信设备制造业的从业人数均相对较少，且呈平稳的态势。综合来看，2003—2020

年东北区域主要省（自治区、直辖市）电子及通信设备制造业年均从业人数由多到少的顺序依次为：辽宁省（6.65 万人/年）>吉林省（0.86 万人/年）>黑龙江省（0.55 万人/年）。

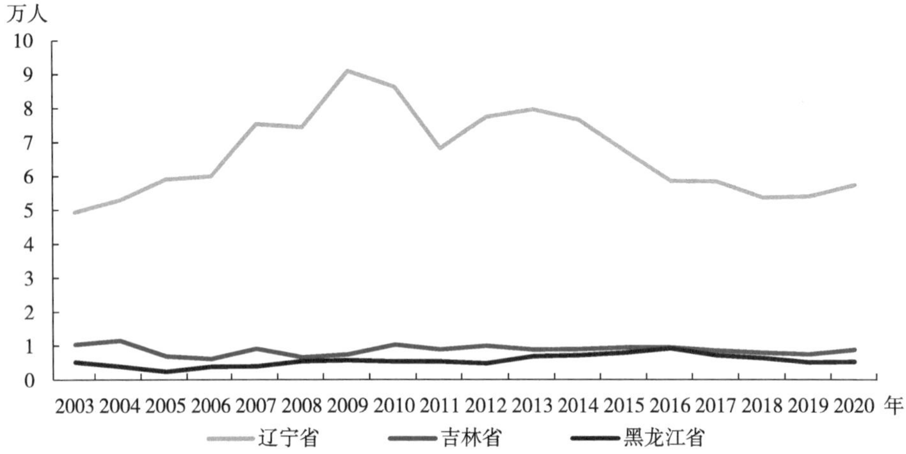

图 3-18　2003—2020 年我国东北区域主要省（自治区、直辖市）电子及通信设备制造业从业人数及其变化情况

［资料来源：《中国高技术产业统计年鉴》（2004—2021 年）］

图 3-19 报告了 2003—2020 年我国西部区域主要省（自治区、直辖市）电子及通信设备制造业从业人数及其变化情况。不难发现，2003—2020 年，我国西部区域内四川省电子及通信设备制造业从业人数最多，且呈上升的趋势；在考察期内，重庆市和广西壮族自治区电子及通信设备制造业从业人数相对较少，但也呈增加趋势，而内蒙古自治区、贵州省、云南省和陕西省电子及通信设备制造业的从业人数均相对较少，且无明显增加的态势。

综合来看，2003—2020 年西部区域主要省（自治区、直辖市）电子及通信设备制造业年均从业人数由多到少的顺序依次为：四川省（16.82 万人/年）>陕西省（6.43 万人/年）>重庆市（5.39 万人/年）>广西壮族自治区（4.56 万人/年）>贵州省（1.93 万人/年）>云南省（0.76 万人/年）>内蒙古自治区（0.53 万人/年）。

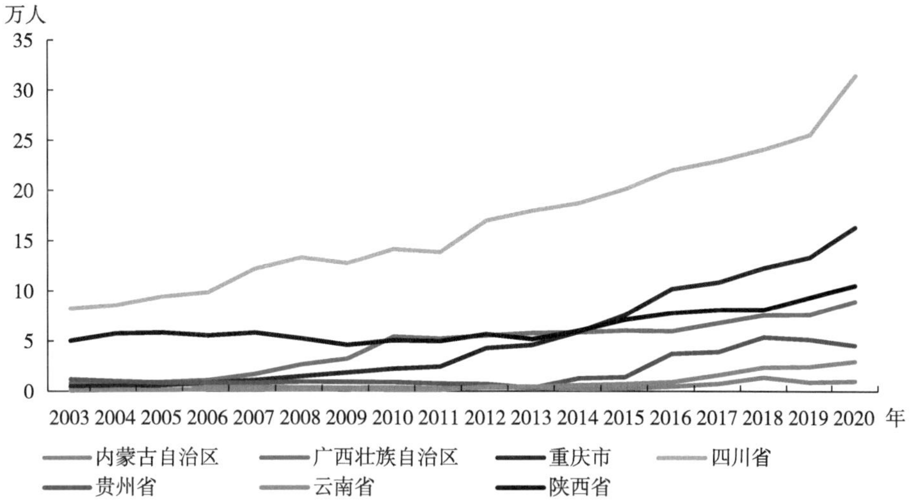

图 3-19　2003—2020 年我国西部区域主要省（自治区、直辖市）电子及通信设备制造业从业人数及其变化情况

［资料来源：《中国高技术产业统计年鉴》（2004—2021 年）］

（3）不同区域信息传输、计算及服务业的人数参与情况。图 3-20 报告了在现有数据基础上，2003—2020 年我国四大区域信息传输、计算及服务业的从业人数及其变化情况。不难发现，2003—2020 年，东部地区信息传输、计算及服务业的从业人数呈“波动上升”的态势；在考察期内，中部地区、西部地区和东北地区信息传输、计算及服务业的从业人数变化较为平稳。相比较而言，2003—2020 年，东部地区由于经济发展水平高，参加信息传输、计算及服务业的人数最多，年均从业人数高达 154.64 万人，接着依次为西部地区、中部地区和东北地区，信息传输、计算及服务业的年均从业人数分别为 38.38 万人、38.01 万人、20.24 万人。综合而言，东部地区是我国信息传输、计算及服务业的集中地区。

具体到各个区域，图 3-21 报告了 2003—2020 年我国东部区域主要省（自治区、直辖市）信息传输、计算及服务业从业人数及其变化情况。

不难发现，2003—2020 年，我国东部区域的北京市信息传输、计算及服务业从业人数最多，广东省的从业人数紧随其后；天津市、河北省、上海市、江苏省、浙江省、山东省和福建省的信息传输、计算及服务业从业人数均相对较少，且近几年均有增加趋势。综合来看，2003—2020 年东部区域主要省（自治区、直辖市）信息传输、计算及服务业年均从业人数由多到少的顺序依次为：北京市（46.55 万人/年）>广东省（30.95 万人/年）>江苏省（17.68

万人/年）>上海市（17.27 万人/年）>浙江省（13.75 万人/年）>山东省（11.52 万人/年）>河北省（6.72 万人/年）>福建省（6.57 万人/年）>天津市（3.63 万人/年）。

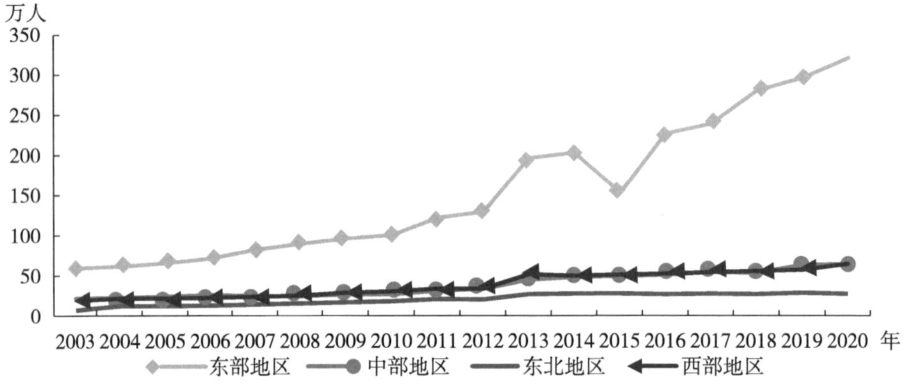

图 3-20　2003—2020 年我国四大区域信息传输、计算及服务业从业人数及其变化情况

（资料来源：Wind 数据库数据整理而得）

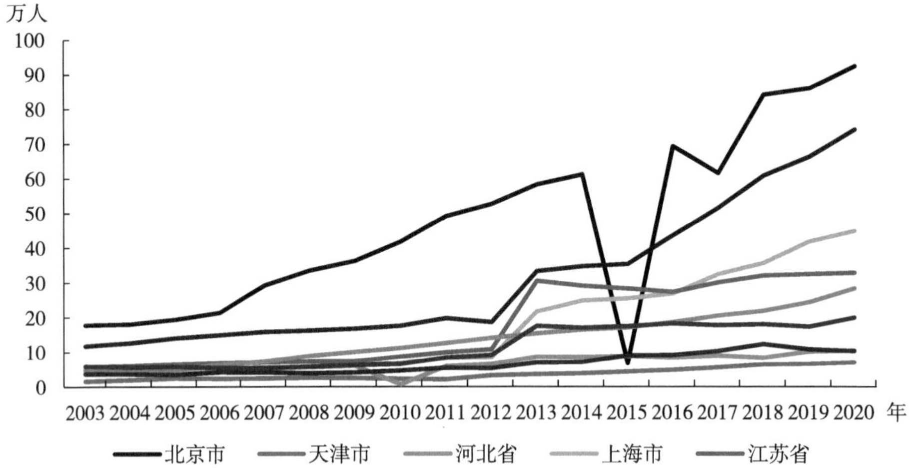

图 3-21　2003—2020 年我国东部区域主要省（自治区、直辖市）信息传输、计算及服务业从业人数及其变化情况

（资料来源：Wind 数据库数据整理而得）

图 3-22 报告了 2003—2020 年我国中部区域主要省（自治区、直辖市）信息传输、计算及服务业从业人数及其变化情况。不难发现，自 2013 年以来，湖北省一跃成为中部区域信息传输、计算及服务业从业人数最多的省份，

且呈增加趋势；河南省在考察其范围内信息传输、计算及服务业从业人数增长较快，而山西省、安徽省、江西省和湖南省信息传输、计算及服务业的从业人数相对较少，且变化相对平稳。

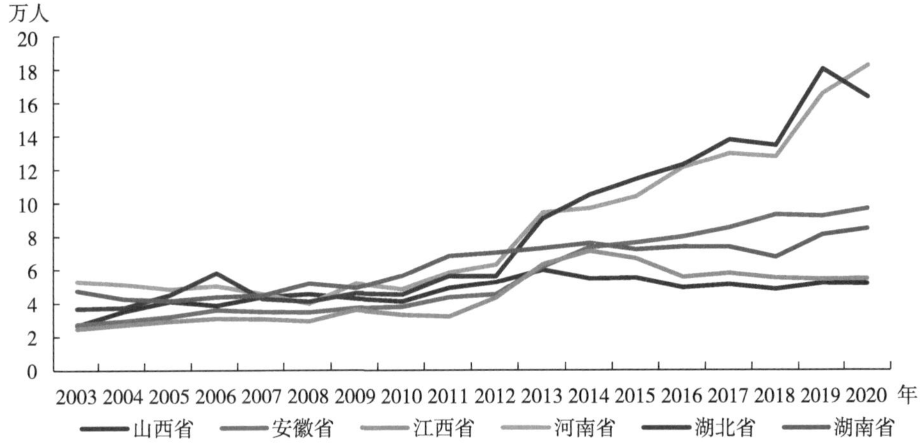

图 3-22 2003—2020 年我国中部区域主要省（自治区、直辖市）信息传输、计算及服务业从业人数及其变化情况

（资料来源：Wind 数据库数据整理而得）

综合来看，2003—2020 年中部区域主要省（自治区、直辖市）信息传输、计算及服务业年均从业人数由多到少的顺序依次为：河南省（8.54 万人/年）>湖北省（8.44 万人/年）>湖南省（6.24 万人/年）>安徽省（5.67 万人/年）>山西省（4.68 万人/年）>江西省（4.44 万人/年）。

图 3-23 报告了 2003—2020 年我国东北区域主要省（自治区、直辖市）信息传输、计算及服务业从业人数及其变化情况。不难发现，2003—2020 年，我国东北区域内辽宁省为信息传输、计算及服务业从业人数较多的省份，且呈“波动上升”态势；吉林省和黑龙江省信息传输、计算及服务业的从业人数均相对较少，且均呈“增长”态势。综合来看，2003—2020 年东北区域主要省（自治区、直辖市）信息传输、计算及服务业年均从业人数由多到少的顺序依次为：辽宁省（9.07 万人/年）>黑龙江省（6.29 万人/年）>吉林省（4.88 万人/年）。

图 3-24 报告了 2003—2020 年我国西部区域主要省（自治区、直辖市）信息传输、计算及服务业从业人数及其变化情况。不难发现，除 2009—2012 年，四川省是我国西部区域内信息传输、计算及服务业从业人数最多的省份，且呈上升的趋势；陕西省的相关从业人数紧随其后，呈“快速增长”的态势，而重庆市、广西壮族自治区、内蒙古自治区、贵州省和云南省信息传输、计算

及服务业的从业人数均相对较少，且呈增长均较缓慢态势。综合来看，2003—2020 年西部区域主要省（自治区、直辖市）信息传输、计算及服务业年均从业人数由多到少的顺序依次为：四川省（11.42 万人/年）>陕西省（7.88 万人/年）>云南省（4.36 万人/年）>内蒙古自治区（4.13 万人/年）>广西壮族自治区（4.11 万人/年）>重庆市（3.69 万人/年）>贵州省（2.79 万人/年）。

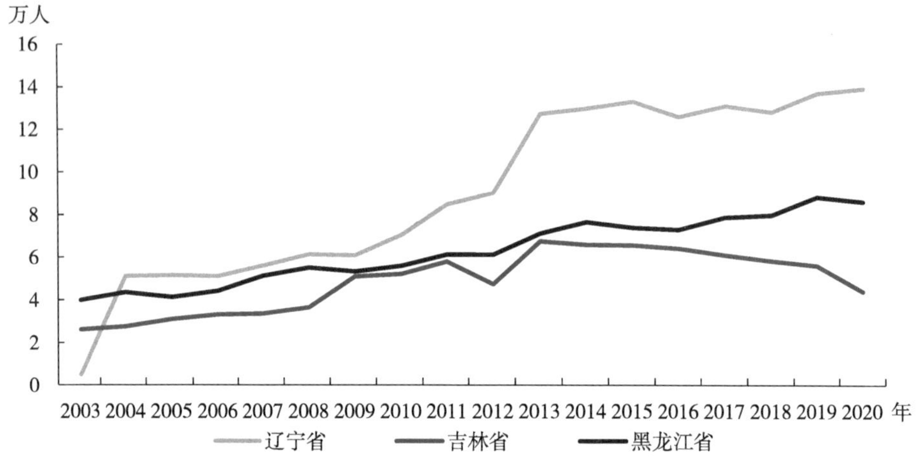

图 3-23　2003—2020 年我国东北区域主要省（自治区、直辖市）信息传输、计算及服务业从业人数及其变化情况

（资料来源：Wind 数据库数据整理而得）

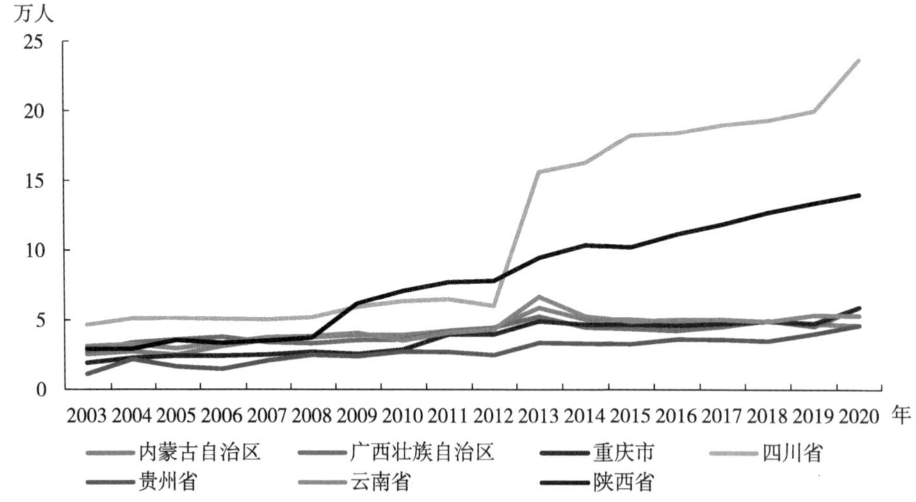

图 3-24　2003—2020 年我国西部区域主要省（自治区、直辖市）信息传输、计算及服务业从业人数及其变化情况

（资料来源：Wind 数据库数据整理而得）

3.2 数字经济产业集聚态势及特征分析

目前，学术界普遍认为产业集聚可根据其特征模式的不同而分为产业专业化集聚和产业多样化集聚。其中，产业专业化集聚为一种产业内关联的组织模式，主要表现为同一行业领域内的企业的空间集聚。产业多样化集聚则是一种产业间关联的组织模式，主要表现为不同行业间的企业在空间上的集聚。因此，本节基于区域熵维度及测算方法，分别从产业专业化集聚和产业多样化集聚两种产业集聚模式入手，依据数据可得性选取数字经济各产业平均从业人数作为产业集聚测度指标，并基于省际数字经济产业集聚态势、区域数字经济产业集聚态势和全国数字经济产业集聚态势三个研究视域，测算分析省际、四大经济区域、六大地理区域以及全国整体数字经济产业集聚水平及特征，继而进一步探讨我国数字经济产业集聚的发展情况。

3.2.1 省际数字经济产业集聚态势分析

2015 年，“国家大数据战略”在党的十八届五中全会上被首次提出，成为我国大力推进数字经济发展和数字化转型的开端。而随着国家对数字经济发展的大力推进，各省政府也分别出台了有关数字经济发展的支持政策，加大了本地区对数字化基础设施、数字化平台和数字化企业等的建设力度，一定程度上促使了本地区数字经济产业集聚程度的加大。2020 年，全国 25 个省份①中的重庆、吉林、北京、黑龙江和内蒙古的数字经济产业专业化集聚水平突破了 2.5，跻身于全国前五。其中，黑龙江以 4.14 的专业化集聚水平位列全国第一位，虽相较于上年降低了 5.2%，但相较于 2015 年的数字经济专业化集聚水平却增长了 0.8%，整体基本处于上升态势。辽宁、云南、上海、四川、江苏、河北、陕西、安徽和贵州等 9 个省份的数字经济产业专业化集聚均超过 1.5 的集聚水平，而剩余的 11 个省份的数字经济产业则均至少达到了 1.0 的产业专业化集聚水平，见表 3-3。值得一提的是，浙江省的数字经济产业专业化集聚水平处于 25 个省份中的最后一位，仅达到了 1.05，但其数字经济产业多样化集聚水平却远高于其余 24 个省份，达到了 12.47，位于 25 个省份中的第一位，并且相较于 2019 年增长了 15.5%。

① 由于海南省、甘肃省、青海省、新疆维吾尔自治区、宁夏回族自治区、西藏自治区、香港特别行政区、澳门特别行政区和台湾地区相关数据缺失量较大，因而未将以上 9 个省份纳入本文研究范围。

表 3-3　2010—2020 年我国各省份数字经济专业化集聚变动情况

年份 省份	2010	2011	2012	2013	2014	2015	2016	2017	2018	2019	2020
北京	4.20	3.91	4.13	3.14	3.21	1.60	3.16	3.02	2.95	2.79	2.83
天津	1.32	1.35	1.26	1.33	1.23	1.09	1.02	1.05	1.13	1.33	1.18
河北	1.38	2.28	2.49	1.98	1.92	2.09	1.73	1.79	1.68	1.78	1.80
山西	1.82	1.78	1.74	1.46	1.36	1.60	1.17	1.16	1.14	1.13	1.21
内蒙古	4.98	4.65	4.86	3.68	3.75	4.16	3.32	3.05	2.58	2.60	2.54
辽宁	2.22	2.50	2.62	2.26	2.30	2.80	2.40	2.35	2.26	2.14	2.12
黑龙江	4.50	4.27	4.26	3.39	3.40	3.81	3.13	3.05	2.84	2.72	2.58
吉林	4.87	4.53	4.81	3.48	3.51	3.94	3.19	3.21	3.06	2.91	2.91
上海	1.54	1.81	1.75	1.87	1.79	1.64	1.54	1.66	1.67	1.76	1.87
江苏	1.33	1.22	1.20	1.19	1.17	1.29	1.42	1.54	1.70	1.78	1.83
浙江	1.26	1.34	1.42	1.15	1.13	1.30	1.10	1.09	1.08	1.07	1.05
安徽	1.93	1.73	1.54	1.35	1.24	1.38	1.10	1.04	1.06	1.25	1.58
福建	1.18	1.05	1.07	1.15	1.12	1.07	1.17	1.12	1.08	1.21	1.17
江西	1.44	1.12	1.22	1.11	1.08	1.06	1.18	1.23	1.28	1.40	1.42
山东	1.56	1.65	1.45	1.45	1.15	1.38	1.16	1.23	1.22	1.26	1.33
河南	2.35	1.22	1.27	1.32	1.31	1.20	1.23	1.21	1.23	1.18	1.14
湖北	1.64	1.58	1.47	1.49	1.52	1.72	1.45	1.50	1.36	1.49	1.31
湖南	2.61	1.85	1.63	1.17	1.15	1.16	1.11	1.18	1.28	1.26	1.30
广东	1.21	1.29	1.29	1.31	1.28	1.21	1.25	1.25	1.26	1.28	1.26
广西	1.96	2.01	2.03	1.58	1.46	1.98	2.37	1.60	1.18	1.05	1.17
重庆	2.74	2.01	2.68	3.36	3.55	4.11	4.29	4.25	4.30	4.37	4.14
四川	1.44	1.95	2.44	1.87	1.91	2.20	1.51	1.90	1.81	2.00	1.87
贵州	4.12	3.91	4.12	3.55	2.79	2.82	1.71	1.63	1.27	1.35	1.56
云南	5.16	4.75	4.69	3.55	3.42	3.76	3.01	2.63	2.20	2.09	1.95
陕西	3.19	3.05	3.07	2.52	2.47	2.61	2.15	2.10	2.01	1.82	1.77

资料来源：根据《中国高技术产业统计年鉴》（2004—2021 年）和 Wind 数据库数据整理而得。同时，因篇幅所限，2003—2009 年的情况未在表中展示。

同时，重庆、吉林、黑龙江、北京、内蒙古和辽宁等省份虽拥有较高的数字经济产业专业化集聚水平，但其数字经济产业多样化集聚水平却排列在

25 个省份的末端位置；广西、天津和河南等省份的数字经济产业专业化水平虽然较低，但拥有处于全国前列的高水平数字经济产业多样化集聚。2020 年，广西、安徽、天津和河南的数字经济产业专业化集聚水平分别达到了 9.22、8.00、6.95 和 5.90，和浙江省一起成为全国数字经济产业多样化集聚水平排名前五的省份。以湖北、山东、四川、福建和山西为代表的多个省份的数字经济产业多样化集聚水平均超过了 2.0 的集聚水平线，25 个省份中仅剩吉林、云南、北京和黑龙江等地的数字经济产业多样化集聚水平未能达到 1.0，见表 3-4 和图 3-25。

表 3-4 2010—2020 年我国各省份数字经济多样化集聚变动情况

省份＼年份	2010	2011	2012	2013	2014	2015	2016	2017	2018	2019	2020
北京	0.86	0.86	0.85	0.91	0.89	3.73	0.84	0.88	0.85	0.86	0.85
天津	2.52	2.30	3.04	2.59	3.62	8.77	151.98	32.32	10.96	3.87	6.95
河北	2.11	1.97	1.78	2.01	2.14	2.03	2.51	2.23	2.42	1.98	1.94
山西	2.89	2.89	3.11	3.55	3.81	3.72	5.70	5.44	5.86	5.52	3.98
内蒙古	0.69	0.69	0.69	0.73	0.71	0.70	0.79	0.86	1.05	0.97	1.01
辽宁	2.25	1.67	1.64	1.55	1.50	1.23	1.31	1.31	1.31	1.36	1.38
吉林	0.78	0.77	0.81	0.82	0.82	0.79	0.86	0.86	0.90	0.90	0.98
黑龙江	0.71	0.71	0.70	0.79	0.78	0.75	0.83	0.80	0.80	0.81	0.81
上海	4.89	3.28	3.86	2.61	2.36	2.82	2.92	2.43	2.25	2.01	1.77
江苏	3.63	3.36	3.64	4.18	4.03	5.18	3.55	3.65	3.39	3.25	3.16
浙江	7.20	4.12	4.50	4.51	4.67	5.95	8.44	8.25	8.98	10.80	12.47
安徽	2.95	3.43	4.88	5.60	8.20	5.82	18.23	40.18	37.53	12.39	8.00
福建	13.35	13.01	10.81	5.68	6.90	57.45	8.80	9.09	9.67	4.80	4.30
江西	4.46	6.89	4.31	4.10	4.38	8.47	4.61	3.32	2.63	1.75	1.81
山东	4.71	3.60	6.13	3.49	12.79	5.82	9.05	7.80	6.87	5.98	4.77
河南	2.03	3.08	2.92	2.68	2.72	3.80	3.54	3.87	3.64	4.87	5.90
湖北	3.66	3.34	3.62	3.96	3.76	3.07	4.07	3.56	4.54	3.16	4.96
湖南	1.71	2.95	3.70	4.34	4.61	5.96	7.51	4.49	2.99	3.33	2.80
广东	3.80	3.48	3.60	2.97	3.00	3.68	3.03	3.21	3.16	3.08	3.24
广西	2.85	2.50	2.58	3.36	3.27	2.37	2.79	4.48	9.10	28.81	9.22
重庆	1.58	1.37	1.39	1.38	1.37	1.36	1.51	1.51	1.55	1.61	1.73

续表

省份＼年份	2010	2011	2012	2013	2014	2015	2016	2017	2018	2019	2020
四川	6.21	2.77	2.01	2.39	2.34	1.87	3.06	2.87	3.50	3.95	4.42
贵州	5.49	5.03	5.31	2.63	3.93	3.73	1.69	1.69	1.36	1.61	2.03
云南	2.02	1.93	2.82	2.28	2.90	4.43	3.65	3.54	3.31	3.09	3.10
陕西	3.65	4.73	3.25	3.91	3.93	2.77	2.86	3.06	3.31	3.09	2.81

资料来源：根据《中国高技术产业统计年鉴》（2004—2021 年）和 Wind 数据库数据整理而得。同时，因篇幅所限，2003—2009 年的情况未在表中展示。

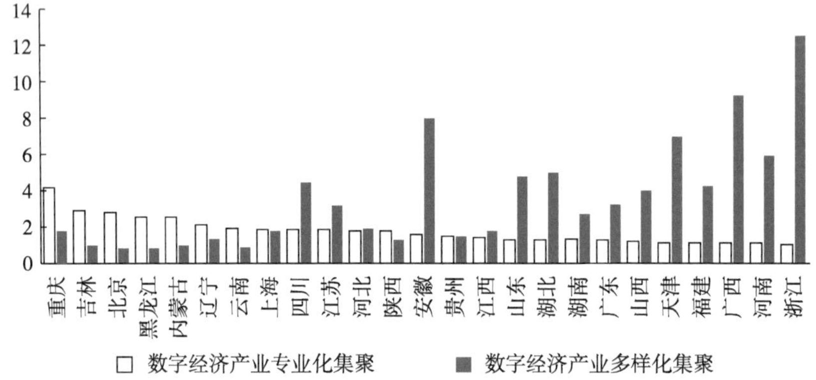

图 3-25　2020 年数字经济产业集聚情况

此外，通过观察各省份数字经济产业专业化集聚和多样化集聚的较上年的变化情况可发现，除了个别省份以外，各个省份的数字经济产业专业化集聚的变化情况和数字经济产业多样化集聚的变化情况呈现出此消彼长的态势。具体表现为，如果某省份 2020 年的数字经济产业专业化集聚水平较上年有所增加，则该省份 2020 年的数字经济产业多样化集聚水平便相较上年有所降低，反之则相反。其中，包含北京、河北、山西和上海在内的数个省份表现为数字经济产业专业化集聚程度增加而数字经济产业多样化集聚程度较上年减少，包含天津、内蒙古、辽宁和吉林在内的多个省份表现为数字经济产业多样化集聚程度增加而数字经济产业专业化集聚程度较上年减少。

综合分析，各个省份的数字经济产业集聚水平与上年的变化情况不难发现，不同的省份，其优势较其他省份的数字经济产业集聚模式不同，并且每个省份均有其大力推进的数字经济产业集聚模式，使不仅同一省份的数字经济产业专业化集聚水平和数字经济产业多样化集聚水平出现了差异，而且同一省份在不同的产业集聚模式下的数字经济产业集聚水平较上年变化的方向和程度也不尽相同。与此同时，不同省份所大力发展的数字经济产业集聚模式主要依据于其数字经济产业发展阶段，以及其数字经济发展现阶段的主要需求，因此，各个省份所大力推进的数字经济产业集聚模式可能与其现阶段优势和其他省份的数字经济产业集聚模式并不相同，例如山东省优势于其他省份的数字经济产业集聚模式主要表现为多样化集聚，且其数字经济产业多样化集聚水平高于专业化集聚水平，但由于山东省的数字经济规模已位于全国前列，其数字经济产业已逐渐步入成熟期，而专业化环境更有利于成熟的产业和企业发展，因此为充分发挥数字经济产业集聚对数字经济产业的正向促进作用，山东省会进一步调整对本地数字经济产业两种集聚模式的发展力度，即现阶段会重点发展数字经济产业专业化集聚，从而建立适合本地区数字经济产业发展的均衡数字经济产业集聚模式。这种发展政策将具体表现在数字经济产业集聚水平上，即山东省的数字经济产业专业化集聚水平较前一年上升，而数字经济产业多样化集聚水平较前一年有所下降。

3.2.2 区域数字经济产业集聚态势分析

中国幅员辽阔，具有资源环境方面的经济纵深优势，但同时广大的国土面积也不可避免地带来了区域异质性。一方面，由于各区域地理位置不同，各区域间的气候环境、资源禀赋和社会治理等方面必然存在明显差异；另一方面，随着改革开放的深入推进，区域间经济发展的速度和水平的差异也越发明显，区域间的经济波动也快速向复杂化发展。因此，在进行产业集聚的相关研究时应充分考虑不同区域间存在的区域异质性。对此，本文主要以经济水平为划分依据的四大经济区域和以地理为划分依据的六大地理分区两个维度，测算分析区域数字经济产业集聚水平。

3.2.2.1 四大经济区域

参考《关于西部大开发若干政策措施的实施意见》《中共中央 国务院关于促进中部地区崛起的若干意见》以及党的十六大报告中对我国四大经济区域划分重要精神，本文将25个省份划分为东部、中部、西部和东北四个经济区域，具体划分情况如表3-5所示。

表 3-5　中国四大经济区各省份的分布情况

经济区	经济区所包含的省份
东部地区	北京市、天津市、河北省、福建省、山东省、广东省、上海市、江苏省、浙江省
中部地区	河南省、湖北省、湖南省、江西省、安徽省、山西省
西部地区	重庆市、四川省、陕西省、内蒙古自治区、广西壮族自治区、贵州省、云南省
东北地区	辽宁省、吉林省、黑龙江省

注：参考国家有关部门对我国四大经济区域的划分规则。

基于四大经济区的划分，本文进一步测算得到两种产业集聚模式下四大经济区的数字经济产业集聚水平，如图 3-26 所示。

从数字经济产业专业化集聚水平来看，东北地区的数字经济产业专业化集聚一直位居四大区域的首位，在四个区域中最具优势。同时 2007 年至 2020 年，东北地区的数字经济产业专业化集聚水平波动较大，但在大体上呈现出下降的趋势。西部地区的数字经济产业专业化集聚水平始终仅次于东北地区，整体的发展趋势处于一个非平稳下降的状态，期间伴随有轻微的波动。中部地区和东部地区的数字经济产业专业化集聚水平分别位于第三位和第四位，同时二者均呈现出明显下降的态势。其中，中部地区的数字经济产业专业化集聚水平随着时间的增加，其下降幅度逐渐减小，并从 2016 年开始呈现出趋于上升的态势。东部地区的数字经济产业专业化集聚水平随时间推移而稳步下降，即下降过程中未出现明显的波动。

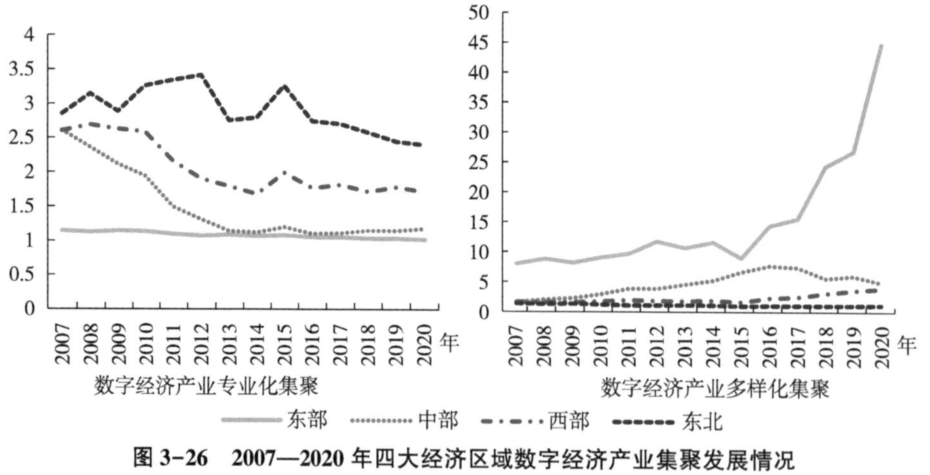

图 3-26　2007—2020 年四大经济区域数字经济产业集聚发展情况

从数字经济产业多样化集聚水平来看，东部地区的数字经济产业多样化集聚水平在2007年至2020年始终保持在第一位，相比其他区域而言，最具多样化集聚优势，而在2020年，更是以44.71的数字经济产业多样化集聚水平远超其他三个区域。同时，东部地区的数字经济产业多样化集聚水平整体呈现出上升的态势，且随着时间的增加，其集聚水平的增幅也逐渐增加，多样化集聚水平发展趋势趋于指数式增长。中部地区的数字经济产业多样化集聚水平一直保持在四个经济区域的第二位，较西部地区和东北地区而言更具优势，且其数字经济产业多样化集聚水平随着时间的增加呈现出先增加、后减少的发展趋势，整体趋近于倒“U”形增长。西部地区的数字经济多样化集聚水平虽然始终低于中部地区，但其集聚水平却呈现出明显的增长趋势，并且其在2015年后的增幅明显大于2015年前的增幅。同时，随着时间的推移，西部地区数字经济多样化集聚水平逐渐接近于中部地区的多样化集聚水平。2020年，西部地区与中部地区的集聚水平仅差2.77，由此推测，未来西部地区的数字经济多样化集聚水平将超过中部地区。东北地区的数字经济产业多样化集聚水平相较其他三个区域而言最低，同时整体发展波动不大，处于平稳降低的发展态势。

对比两种产业集聚模式下四大区域数字经济产业集聚水平可知，不同经济发展水平的区域，其优势与其他区域的数字经济产业集聚模式不尽相同。具体体现在，数字经济产业专业化集聚水平和数字经济产业多样化集聚水平在四大经济区中的排序表现为一个明显的反向关系，即某个地区的数字经济产业专业化集聚水平如果处在四大区域中的第一位，则该区域的数字经济产业多样化集聚水平必然位于四大区域中的倒数第一位，反之则相反。同时，因区域经济水平的差异，各区域数字经济产业发展阶段和发展情况也存在差异，使得不同区域同一集聚模式下的数字经济产业集聚水平的发展态势不尽相同，同一区域不同集聚模式下的数字经济产业集聚水平的发展态势也不尽相同。其中，同一区域的数字经济产业专业化集聚水平和数字经济产业多样化集聚水平的整体发展趋势呈现出明显的反向关系。

3.2.2.2 六大地理分区

目前，学术界主要依据“七大行政地理分区法”对区域进行地理上的划分，但由于“七大行政地理分区法”中涉及对个别省份的市级单位划分，考虑到数据可得性，本文采用新中国成立后所设的“六大地理分区”划分法，将25个省份划分为华北地区、华东地区、中南地区、西南地区、东北地区和西北地区六个地理区域。同时，由于西北地区仅能得到陕西省的数据，其他省份数据缺失严重，故本文最终仅考虑华北地区、华东地区、中南地区、西南地区和东北地区的数字经济产业集聚情况，具体区域划分见表 3-6。

表 3-6　中国地理分区各省份的分布情况

地理分区	地理分区所包含的省份
华北地区	北京市、天津市、河北省、山西省
华东地区	上海市、江苏省、浙江省、安徽省、福建省、江西省、山东省
中南地区	河南省、湖北省、湖南省、广东省、广西壮族自治区
西南地区	重庆市、四川省、贵州省、云南省
东北地区	辽宁省、吉林省、黑龙江省、内蒙古自治区

注：采用新中国成立后所设的“六大地理分区”划分法。

通过计算区域的数字经济产业集聚水平可以发现，2007 年至 2020 年，华北地区、东北地区和西南地区的数字经济产业专业化集聚一直处于较高水平，均突破了 1.7；华东地区和中南地区的数字经济产业专业化集聚水平则相对较低，远低于排名前三区域的数字经济产业专业化集聚水平。但在低水平的数字经济产业专业化集聚下，华东地区却拥有远高于其他区域的数字经济产业多样化集聚水平。与之形成鲜明对比的是，华北地区和东北地区的数字经济产业多样化集聚水平则基本处于末两位，与其数字经济产业专业化集聚排名情况也大相径庭。可见，每个位于其特有地理区位的区域，不仅都拥有不同于其他区域的数字经济产业集聚水平，并且该区域两种集聚模式下的数字经济产业集聚水平也不相同。除此之外，我国具有数字经济产业专业化集聚发展优势和数字经济产业多样化集聚发展优势的区域也存在差异，并在一定程度上相对立。同时，从数字经济产业集聚发展趋势看，华北、华东、中南、西南和东北五个区域的数字经济产业专业化集聚的发展趋势并不明显。其中，华北地区、西南地区和东北地区的数字经济核心产业专业化集聚水平波动较大，但随着时间的推移，其波动幅度逐渐减小，发展趋势逐步趋于平稳。而华东区域和中南区域的集聚水平虽也存在波动，但波动较小，并一直维持在 1.0~1.5 的范围内。华北地区、中南地区和东北地区的数字经济产业多样化集聚水平虽然存在些许波动，但整体呈现出下降的趋势。华北地区 2020 年的数字经济产业多样化集聚水平相对于 2007 年时有较大的提升，但其整体发展仍然存在较大的波动。中南地区的数字经济产业多样化集聚水平则整体呈现出明显的上升态势。由此可见，除了区域间经济水平的差异会影响区域数字经济产业集聚水平外，区域间地理位置的差异也会对区域数字经济产业集聚产生影响。具体表现为，同一数字经济产业集聚模式在拥有不同地理位置的区域中的集聚水平和发展趋势不尽相同。同时，处于不同地理位置的区域，其优势与其他区域的数字经济产业集聚模式也存在一定差异。

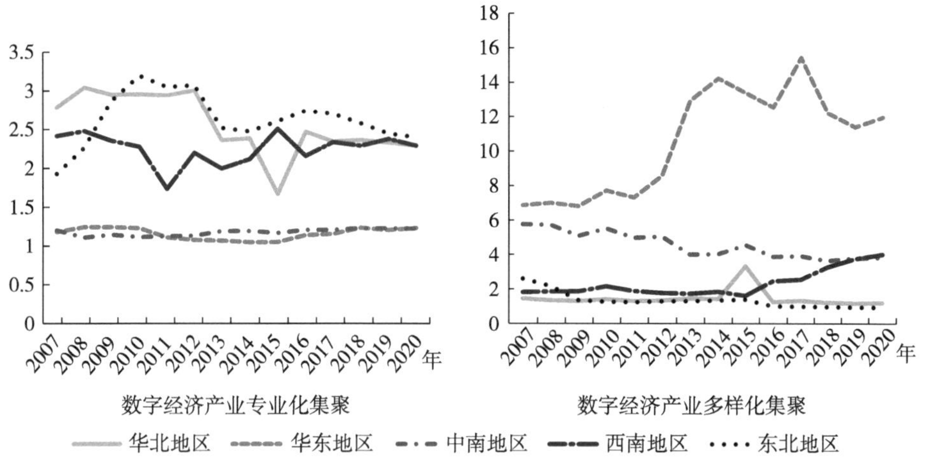

图 3-27　2007—2020 年地理分区数字经济产业集聚发展情况

3.2.3　全国数字经济产业集聚态势分析

为进一步研究全国范围的数字经济产业集聚水平，本文采用熵值法对全国数字经济产业集聚水平进行计算①。从全国数字经济产业集聚水平的发展态势可观察到，数字经济产业专业化集聚水平整体呈现出下降的趋势，数字经济产业多样化集聚水平则与之相反，整体明显呈现出上升的态势。目前，我国数字经济进入蓬勃发展期，数字经济产业也大踏步迈入成长期。鉴于相比于专业化集聚，多样化环境更有利于新产业、新企业的创新发展，于是在政策鼓励下，产业数字化转型和数字产业化发展势头强劲，推动了多元化的数字经济产业的诞生，并在一定程度上通过技术和知识的溢出效应等加快数字经济产业的技术创新，继而进一步促进新数字经济产业的产生，最终对数字经济产业多样化集聚的发展产生明显的助推作用。

同时，参考余姗等的时间划分方法，由于 2013 年颁布的《“宽带中国”

① 因本书针对“六大地理分区”的研究只考虑了其中五大区，故主要使用“四大经济分区”的数字经济产业集聚水平进行熵值法计算。

战略及实施方案》是最早的数字经济支持政策之一，故而将2013年作为数字经济发展的时间节点，将数字经济发展阶段划分为2007—2013年和2013—2020年两个发展阶段。不难发现，虽然2007年至2020年的数字经济产业专业化集聚水平在下降过程中出现了些许波动，但在2013年以前，数字经济产业专业化集聚的下降幅度明显大于2013年后的下降幅度，并且下降幅度随着时间的增加趋于平缓。数字经济产业多样化集聚的上升幅度在2013年前后也出现了明显差异。2013年以前，数字经济产业多样化集聚水平虽然也处于上升态势，但上升幅度明显小于2013年以后，并且随着时间的推移，数字经济产业多样化集聚的增幅也逐渐增大，使数字经济产业多样化集聚的整体发展趋势呈现出指数增长的特点。

除此之外，对比两种集聚模式下的数字经济产业集聚水平可知，2013年以前，数字经济产业专业化集聚水平远高于数字经济产业多样化集聚水平；而在2013年以后，二者之间的差距逐渐缩小，并在2017年后，数字经济产业多样化集聚水平开始远超数字经济产业专业化集聚水平。由此说明，在不同的数字经济发展阶段，同一集聚模式下的数字经济产业集聚水平不同。政府对数字经济的大力发展，在一定程度上会对不同集聚模式下的数字经济产业集聚水平起到一个调整作用。政府的支持政策会敦促数字经济产业集聚向适合现阶段数字经济产业发展的集聚模式变化，从而充分发挥数字经济产业集聚对数字经济及数字经济产业的促进作用。

3.3 数字经济产业集聚的绿色实践模式

数字经济作为一种融合经济，目前已经成为拉动经济增长的重要动力和产业升级的重大突破口，更在新一轮的全球产业竞争中占据了制高点（钱立华等，2020）。数字经济产业作为数字经济市场中的重要主体，具有创新水平高、优化资源配置等本质特征，能够有效解决城市产业结构升级过程中的矛盾，促进社会实现虚拟数字空间与社会生活空间的高度融合。目前，合作发展数字经济已经成为全球各国的重要共识。数字经济产业集聚作为数字经济发展的重要形态，已成为实现具有高竞争力数字产业集群建设、落实数字经济发展等目标的重要途径，对促进我国经济发展和民生改善具有重大意义。此外，绿色化发展代表人类社会坚持与自然和谐共生的可持续发展经济模式，尤其在绿色经济呼声日趋高涨的今天，数字经济产业集聚的发展不能脱离绿色化实践。事实上，目前部分地区已经开始尝试践行数字经济产业集聚的发展，并将绿色发展融入其中。综合而言，目前数字经济产业集聚的绿色实践的尝试主要包括以下两种模式。

一是基于“技术创新+数字经济产业集聚”的绿色实践模式。该模式主要以推动物联网、5G技术、人工智能、集成电路等关键技术创新，共同构建新一代信息基础设施体系，优化重点产业布局，推动“科创+产业+金融”等深度融合，促进数字经济产业集聚，从而实现建设世界级可持续发展的产业集群的目标。该模式可推进数据开发和共享利用，增进数字要素的配置效率，促进多部门各行业的数据的联通共享，加强大数据领域的应用合作，协同推进成果转化应用，具有绿色可持续的特点。目前，长三角地区围绕“互联网”“新媒体”“物联网”等新兴产业为核心，正在着手打造“技术创新+数字经济产业集群”，以此助推长三角地区高质量发展。该模式有助于将长三角地区打造成为全球数字经济发展高地。

二是基于“低碳能源+数字经济产业集聚”的绿色实践模式。该模式主要围绕“碳达峰、碳中和”的目标，加快新一代数字技术和能源技术的深度融合与广泛应用，重点发展低碳能源数字经济产业集聚，从而实现能源经济的高质量发展。山西省的传统能源行业发展模式难以兼顾安全、经济、绿色协同发展，为此，山西省抓住数字产业发展和能源数字化转型的广阔前景，在以能源数字经济助力经济转型和实现碳中和上达成了广泛共识，正在尝试凭借优越的能源资源优势，着力在能源行业领域推进数字经济与能源革命联体联姻，加快破除安全、经济和绿色发展这个“不可能三角”掣肘，带动数字经济相关产业的集聚与融合，全方位推动山西低碳能源数字经济的高质量发展。

“十四五”规划纲要明确提出，要推进数字化进程，打造数字经济新发展优势，以数字化转型带动生产方式变革，协同推进数字产业化和产业数字化转型，加快数字社会和数字政府建设，营造良好数字生态，建设数字中国。目前，我国在加快形成国内、国际双循环新发展格局的形势下，各地区重视数字经济产业聚集对区域经济高质量发展的影响，推动绿色创新、优化经济结构，采取有效措施推动数字经济产业聚集的形成，并进一步加快推进数字经济产业集聚的绿色化转型，促进释放数字经济产业集聚的结构性潜能，从而实现经济绿色高质量发展。

3.4　本章小结

本章主要从我国数字经济产业的基本情况、数字经济主要产业的企业布局以及数字经济主要产业的从业人数分布情况介绍了我国数字经济产业的发展现状，从省际、区域和全国四个层面对我国数字经济产业的集聚态势进行了细致分析，并对典型数字经济产业集聚的模式和特征进行了概括。主要结论有：2013—2020 年，我国电信业和互联网业务得到了迅速发展；同期，我国电子及通信设备制造业企业数量的增长速度远高于电子计算机及办公设备制造业的企业数量，且两个产业的企业主要集聚在广东省和东部地区。相似地，同期我国计算机制造业、电子及通信设备制造业和信息传输、计算及服务业从业人数都有一定程度的增长，三个细分产业企业的从业人数主要集聚在东部地区。

综合分析各省份的数字经济产业集聚水平与上年的变化情况，不难发现，不同的省份，其优势与其他省份的数字经济产业集聚模式不同，并且每个省份均有其大力推进的数字经济产业集聚模式。但与此同时，各个省份所大力推进的数字经济产业集聚模式可能与其现阶段优势和其他省份的数字经济产业集聚模式并不相同，比较典型的如山东省；通过对比两种产业集聚模式下四大区域数字经济产业集聚水平可知，不同经济发展水平的区域，其优势与其他区域的数字经济产业集聚模式不尽相同。具体体现在，数字经济产业专业化集聚水平和数字经济产业多样化集聚水平在四大经济区中的排序表现为一个明显的反向关系。同时，因区域经济水平的差异，各区域数字经济产业发展阶段和发展情况也存在差异，使不同区域同一集聚模式下的数字经济产业集聚水平的发展态势不尽相同，同一区域不同集聚模式下的数字经济产业集聚水平的发展态势也不尽相同。此外，通过计算区域的数字经济产业集聚水平可以发现，2007 年至 2020 年，华北地区、东北地区和西南地区的数字经济产业专业化集聚一直处于较高水平，华东地区和中南地区的数字经济产业专业化集聚水平则相对较低。但在低水平的数字经济产业专业化集聚下，华东地区却拥有远高于其他区域的数字经济产业多样化集聚水平。与之形成鲜明对比的是，华北地区和东北地区的数字经济产业多样化集聚水平则基本处于末两位，与其数字经济产业专业化集聚排名情况也大相径庭。除此之外，我国具有数字经济产业专业化集聚发展优势和数字经济产业多样化集聚发展优势的区域也存在差异，并在一定程度上相对立。同时，从数字经济产业集聚发展趋势看，华北、华东、中南、西南和东北五个区域的数字经济产业专业化集聚的发展趋势并不明显。由此可见，除了区域间经济水平的差异会影响区域数字经济产业集聚水平外，区域间地理位置的差异也会对区域数字经济产业集聚产生影响。而处于不同地理位置的区域，其优势与其他区域的数字经济产业集聚模式也存在一定差异。同时，在不同的数字经济发展阶段，同一集聚模式下的数字经济产业集聚水平不同。此外，政府的支持政策会敦促数字经济产业集聚向适合现阶段数字经济产业发展的集聚模式变化，从而充分发挥数字经济产业集聚对数字经济及数字经济产业的促进作用。最后，目前我国部分地区已经开始尝试践行数字经济产业集聚的发展，并将绿色发展融入其中，主要包括“技术创新+数字经济产业集聚”的绿色实践模式和“低碳能源+数字经济产业集聚”的绿色实践模式。

4　数字经济产业集聚的绿色效应实证分析

本章在数字经济产业集聚与绿色发展理论分析框架构建及绿色发展视域下数字经济产业集聚态势及特征分析的基础上，通过构建空间杜宾模型和中介效应模型，进而借助2004—2020年中国25个省份的面板数据，分析了数字经济核心产业集聚绿色发展的空间效应和内在作用机制。

4.1　理论分析与模型构建

4.1.1　理论分析

数字经济作为经济发展的新动能具有“去物质化”的特点，不仅可通过减少社会经济活动对物质的消耗实现节能减排，还可通过与其他产业融合，进一步扩大节能减排效果，这是实现绿色发展的必由之路。谢云飞（2022）、郭丰和杨上广等（2022）及徐维祥和周建平等（2022）就曾指出数字经济发展对区域碳排放存在显著的负向影响，且该影响具有异质性。缪陆军和陈静等（2022）则是在此基础上进一步研究了数字经济发展对碳排放的非线性影响，证实数字经济发展对碳排放的非线性影响具有空间效应。可见，将数字化信息和知识作为关键生产要素的数字经济已成为中国经济高质量发展的新引擎，蓬勃发展中的数字经济更是实现“双碳”战略目标的关键助力。此外，除却以数字经济发展水平为基准形成的数字经济高水平集聚区外，与数字经济相关的产业集聚也正成为新时代的重要发展趋势，故而在此背景下，通过研究数字经济核心产业集聚与区域碳排放的关系，一定程度上明晰数字经济核心产业集聚绿色发展效应，有利于充分发挥数字经济核心产业对经济社会绿色发展的引擎驱动作用，对于进一步推进新时代经济数字化转型发展、实现“双碳”战略目标具有理论与现实意义。

目前，学术界多将产业集聚分为专业化集聚和多样化集聚两种集聚模式。

不同的产业集聚模式所产生的外部性影响不尽相同，进而对区域碳排放的影响也可能存在差异。对此，本文从产业集聚带来的直接效应和溢出效应出发，结合专业化集聚和多样化集聚两种产业集聚模式，分别阐述数字经济核心产业集聚对区域碳排放的影响路径。

4.1.1.1 数字经济核心产业集聚作用于绿色发展（区域碳排放）的直接效应

数字经济核心产业集聚对区域碳排放的直接效应，指数字经济核心产业集聚对本地碳排放产生的影响。本文分析认为，数字经济核心产业集聚主要通过规模经济带来的能源消费结构效应、技术效应和产业结构效应作用于本地碳排放。

从能源消费结构效应来看，数字经济核心产业的专业化集聚具有 MAR 外部性，可实现同类数字经济核心企业对集聚区内公共基础设施、中间商品和各类资源等的共同利用，通过提高资源利用效率实现节能，有效降低了煤炭消费量，改善了能源消费结构，最终降低本地区碳排放。同时鉴于其他产业对数字化产品和技术的广泛应用，数字经济产业专业化集聚某种程度上会促使具有产业关联的其他产业专业化集聚，进一步通过共享机制发挥规模经济带来的能源消费结构效应。

从技术效应来看，数字经济核心产业集聚会引起数字人才和信息在集聚区内的大量集聚与流动，专业化集聚可通过促进行业内企业间节能信息和清洁技术的传播及相互学习，使各企业取长补短不断完善自己的清洁技术和相关产品，多样化集聚则可带来不同领域间的知识碰撞，推进行业间知识技术的跨界融合和互补，促进环保技术创新，降低本地碳排放。同时，数字经济核心产业专业化集聚会促使集聚区内企业间形成竞争关系，行业内企业为提升自身市场竞争力会不断进行技术创新并自觉履行环保等社会责任，对降低本地碳排放产生正向影响。此外，数字经济核心产业专业化集聚和多样化集聚带来的创新型数字清洁技术和相关数字产品会进一步运用到与之关联的其他产业中，最终全面降低本地碳排放。

从产业结构效应来考量，数字经济核心产业集聚会带来数字经济自身发展，进而在数字经济与实体经济融合的进程中，借助直接影响人力资本、科技创新等要素使用与配置，最后带动产业结构的加速升级。由于经济结构变动会影响环境污染和碳排放，以数字经济核心产业带来的产业结构升级将推进绿色环保低碳发展。

基于上述分析，本文提出以下假说：

假说 1：数字经济核心产业专业化和多样化集聚均可降低本地区碳排放。

4.1.1.2 数字经济核心产业集聚作用于区域碳排放的溢出效应

数字经济核心产业集聚在影响当地碳排放的同时，也会因其自身的空间相关性对相邻地区的碳排放（碳减排带来积极影响）产生影响，即存在空间溢出效应。

从数字经济的空间关联性来看，各区域之间的数字经济发展水平本身存在显著的空间相关性。数字经济核心产业集聚会因其带来的规模经济效应和技术效应推动本地数字经济的发展，并通过数字经济的空间相关性影响邻近地区数字经济发展水平，最终影响邻近地区的碳排放。

从技术外溢的角度来看，数字经济核心产业具有克服空间限制进行信息技术传播的优势，当数字经济核心产业在本地达到一定的集聚规模后，其产业内和产业间的知识、技术交互网络会随之扩大，由本土知识碰撞而产生的技术创新可通过知识交互网络的扩展和数字信息的无壁垒传播实现区域间的技术外溢，进而影响邻近地区碳排放。

从区域间的"示范效应"来看，一个地区降低本地碳排放的行为，会使相邻地区政府面临舆论压力，从而在节能减排工作中采取类似行为。一方面，居民会通过对比各地政府的政策行为来督促本地政府进行政策改进；另一方面，良好的政策也会吸引邻近地区采用类似政策降低当地碳排放。因此，数字经济核心产业集聚可通过降低本地碳排放来敦促邻近地区降低碳排放。

基于上述分析，本文提出以下假说：

假说 2：数字经济核心产业专业化和多样化集聚均可降低邻近地区的碳排放。

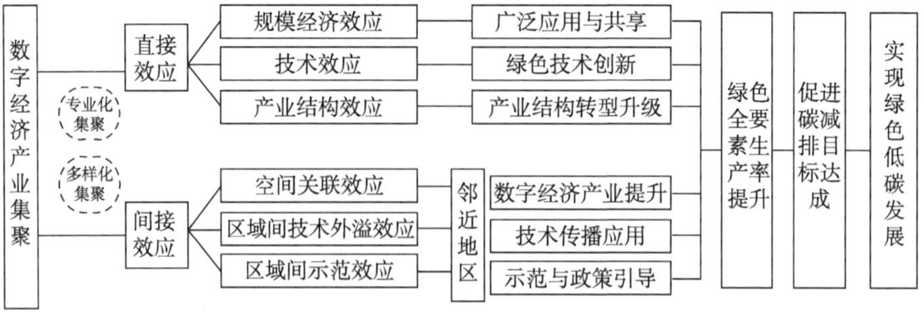

图 4-1 数字经济产业集聚绿色发展效应的理论机理及作用路径

4.1.2　模型构建

模型中的因变量是否存在空间自相关性是能否建立空间面板模型的前提。对此，本文选取莫兰指数作为区域碳排放量空间自相关检验的指标。

莫兰指数包括全局莫兰指数和局部莫兰指数。其中，全局莫兰指数多用于验证总体空间的分布特征，即检验空间系统内的整体相关性，计算公式如下：

$$I=\frac{\sum_{i=1}^{n}\sum_{j=1}^{n}w_{ij}(x_i-\bar{x})(x_j-\bar{x})}{S^2\sum_{i=1}^{n}\sum_{j=1}^{n}w_{ij}},\quad -1\leqslant I\leqslant 1 \tag{4-1}$$

其中，I 表示全局莫兰指数，$\bar{x}=\frac{1}{n}\sum_{i=1}^{n}x_i$ 为所有地区某属性值的均值，$S^2=\frac{1}{n}\sum_{i=1}^{n}(x_i-\bar{x})^2$ 为各地区该属性值的方差，w_{ij} 表示地区 i 与地区 j 空间关系的空间权重值。当 I 为正时，该属性值在地区间表现出空间集聚的特征，即高（低）值向高（低）值靠近；当 I 为负时，高值排斥其他高值向低值靠近，在空间上呈离散分布。

局部莫兰指数则主要针对局部的空间分布特征进行检验。相较于全局莫兰指数，局部莫兰指数更能反映集聚出现的位置和范围，具体表示为：

$$I_i=\frac{(x_i-\bar{x})}{S^2}\sum_{j\neq i}^{n}w_{ij}(x_i-\bar{x}) \tag{4-2}$$

其中，I_i 为地区 i 的局部莫兰指数。通常，为更直观表现某属性值在空间上的区域间关系，学者们会对局部莫兰指数进行可视化处理，即绘制莫兰散点图。

若通过莫兰指数判断碳排放量存在空间自相关，那么本文则须通过构建空间计量模型，进一步研究数字经济核心产业集聚（MJ）对区域碳排放量（C）可能有着空间层面的影响。当前，空间滞后模型（SAR）、空间误差模型（SEM）和空间杜宾模型（SDM）是学术界重点关注的模型类别。相较于SAR和SEM，SDM同时考虑了自变量与因变量的空间滞后项对因变量的作用，能够更好地估计不同观测个体带动的溢出效应以及利用面板数据测算空间外溢效应（黄明凤和姚栋梅，2021）。因此，本文选用SDM作为实证基本模型，并针对变量遗漏问题引入其他控制变量，所得空间杜宾模型一般形式及空间权重矩阵的元素表达式为：

$$\ln C_t = \omega_0 + \rho W \ln C_{it} + \alpha \ln MJ_{it} + \gamma \ln P_{it} + \beta W \ln MJ_{it} + \theta W \ln P_{it} + \mu_i + v_t + \varepsilon_{it} \quad (4-3)$$

$$W_{ij} = \begin{cases} 1，区域 i 和区域 j 相邻 \\ 0，区域 i 和区域 j 不相邻 \end{cases} \quad (i \neq j) \quad (4-4)$$

其中，P_{it} 为控制变量，W 为空间邻接矩阵，ρ、β 和 θ 分别为因变量、自变量和控制变量的空间交互项系数，α 和 γ 分别表示自变量和控制变量的弹性系数，μ_i 和 v_t 分别代表空间效应和时间效应。

4.2 数据与方法介绍

4.2.1 被解释变量：省域碳排放量（C）

长期来看，碳排放量是衡量一个产业绿色发展水平的重要评价标尺，关系一个国家或地区经济发展质量和水平。一般而言，碳排放量越少碳排放强度也就越低，经济发展质量更高、更绿色，为此研究中将碳排放量作为绿色发展情况的表征变量，并参考杨振和李泽浩（2022）、Albrecht（2002）的碳排放量分析方法，对 25 个省份① 2004—2020 年的能源消费产生的碳排放量进行测算。因石化燃料燃烧带来的碳排放量占我国碳排放总量 95%左右，以此来作为碳排放的替代性计算方案是可取的。

表 4-1　8 类能源的折标准煤系数及碳排放系数

能源类型	折标准煤系数（kgce/kg）	碳排放系数/kg-C
煤炭	0.7143	0.7476
焦炭	0.9714	0.1128
原油	1.4286	0.5854
汽油	1.4714	0.5532
煤油	1.4714	0.3416

① 由于海南省、甘肃省、青海省、新疆维吾尔自治区、宁夏回族自治区、西藏自治区、香港特别行政区、澳门特别行政区和台湾地区相关数据缺失量较大，因而未将以上 9 个地区纳入本章节的研究范围。

续表

能源类型	折标准煤系数（kgce/kg）	碳排放系数/kg-C
柴油	1.4571	0.5913
燃料油	1.4286	0.6176
天然气	1.3300	0.4479

注：天然气的折标准煤系数单位为 kgce/m^3，天然气的碳排放系数单位为 kgce。折算系数中单位均为 kg 即千克（或立方米，天然气），统计年鉴中 8 种燃料单位均为万吨或亿立方米，测算时得到的原始结果应该均为千克，然后折算成万吨。

具体分析时通过统一折算得到消耗焦炭、煤炭、煤油、燃油、汽油、燃料油、原油和天然气所产生的二氧化碳总量，折算标准依据《2006 年 IPCC 国家温室气体清单指南》所披露的有关碳排放计算的指标和系数（见表 4-1），进而确定各省域碳排放量。计算公式如下：

$$C_i = \sum_{j=1}^{n} (E_j \times N_j \times e_j) \tag{4-5}$$

其中，C_i 表示地区 i 的碳排放量，E_j 表示能源 j 的消费量，N_j 表示能源 j 的折标准煤系数，e_j 表示能源 j 的碳排放系数。

4.2.2 解释变量：数字经济产业专业化集聚（Mar）和多样化集聚（Jac）

按照国家发布的《数字经济及其核心产业统计分类（2021）》这一依据，数字经济产业包括的具体类别有：01 数字产品制造业、02 数字产品服务业、03 数字技术应用业、04 数字要素驱动业和 05 数字化效率提升业；其中，01-04 大类为数字经济核心产业。基于数据可得性和统计口径一致性的考虑，本文以数字经济核心产业集聚作为数字经济产业集聚的代理变量，同时参考《国民经济行业分类（GB/T 4754—2017）》及《高技术产业（制造业）分类（2017）》中的“信息传输、软件和信息技术服务业”的划分标准，并将数字经济产业各小类项与之对照，最终将数字经济核心产业划分为如下三大类：信息传输、计算机服务和软件业、电子及通信设备制造业和计算机及办公设备制造业。本文基于李东海（2020）的做法，分别构建数字经济核心产业专业化集聚指标和数字经济核心产业多样化集聚指标。计算公式如下：

$$Mar_i = \max_j \left(\frac{Q_{ij}}{Q_i} \right) \tag{4-6}$$

$$Jac_i = \frac{1}{\sum_j |Q_{ij} - Q_i|} \quad (4-7)$$

其中，Q_{ij} 代表数字经济核心产业 j 在地区 i 的就业人数占所有数字经济核心产业在地区 i 的就业总人数的比重，Q_i 为数字经济核心产业 j 在全国范围的就业人数与全国数字经济核心产业总就业人数之比。

4.2.3 控制变量

区域富裕度（Eco）：该变量利用各省人均 GDP 来衡量。随着居民富裕程度的加深，居民对消费品购买量将进一步增加，最终将导致能源消费量和二氧化碳排放量的增长。

人口规模（P）：该变量通过区域城镇居民和农村居民的年末人口总数来衡量。能源是人类生存的基本要求，随着区域人口规模的增加，该区域的能源消费总量也将增加，进而导致碳排放总量的升高。

基础设施建设（R）：该变量利用人均城市道路面积来衡量。道路设施作为庞大的基础设施之一，在建设、运营、修复和拆除的过程中，不仅需要大量的能源用于建筑材料的生产、运输及各种施工设备的运行，同时也会产生大量的二氧化碳，促使了区域碳排放量的增加。

城镇化水平（Ur）：该变量通过各省城镇化率衡量。一方面城镇化建设可通过提高城市污染治理水平和能源利用效率减少二氧化碳排放量；另一方面也会因人口城镇化带来的生态环境压力和能源消费压力增加二氧化碳排放量。

外商直接投资（FDI）：该变量通过实际利用外商直接投资额占 GDP 的比重来衡量。其中，实际外商投资额用当年度人民币对美元的年均汇率进行核算。FDI 可借助于推进国内企业技术创新、提高资源利用率来降低区域的碳排放量。

环境规制（ER）：该变量参考何玉梅和罗巧（2018）的计算方法，利用工业污染治理完成投资额占工业增加值的比重来衡量。其中，工业污染治理完成投资额由 GDP 平减指数平减得到，工业增加值则利用工业生产者出厂价格指数进行平减。设计和实施合理的环境规制措施是制约碳排放的有效路径。

政府支出（GBE）：该变量利用政府一般公共预算支出占 GDP 的比重衡量。根据现有研究可知，政府支出与碳排放呈正相关关系，一般来说政府支出增加会激发碳排放量的增加。

4.2.4 中介变量

能源消费结构（ECS）：该变量通过折算成标准煤的煤炭消耗量在能源消

耗总量中的占比来衡量。

产业结构优化升级（UI）：考虑到产业结构优化升级是产业结构高度化和合理化的有机统一，故研究中该变量使用产业结构高度化指数和合理化指数的乘积来度量。其中，本文借鉴干春晖（2011）等的做法算得产业结构合理化指数，并参考卫平和古燚（2022）的方法，利用第三产业与第二产业的增加值之比来表示产业结构高度化指数。

技术创新（TI）：该变量利用区域实用新型专利申请授权量来度量。

4.2.5 数据来源

基于数据可得性，本章节选用 2004—2020 年 25 个省份①的相关数据进行研究，数据分别来源于《中国统计年鉴》、《中国高技术统计年鉴》、《中国能源统计年鉴》、《中国环境统计年鉴》、万得（Wind）数据库、各省份统计年鉴、各省份统计局官网及各省份统计公报，同时对缺失值进行插值法处理和线性延伸预测处理。为降低异方差，实证分析时对部分变量进行取对数处理，得到变量描述性统计如表 4-2 所示。

表 4-2 变量描述性统计

变量	变量定义	均值	标准差	最小值	最大值	样本值
lnC	各省碳排放量	9.0695	0.6235	7.5865	10.5915	425
lnMar	专业化集聚	0.6913	0.4624	0.0174	1.6402	
lnJac	多样化集聚	0.9590	0.8191	-0.3744	5.0238	
lnEco	区域富裕度	10.4468	0.7003	8.3533	12.0086	
lnP	人口规模	8.4078	0.5322	6.9315	9.4434	
lnR	基础设施建设	2.5511	0.3874	1.3962	3.2511	
lnUr	城镇化水平	3.9897	0.2657	3.2689	4.4952	
lnFDI	外商直接投资	0.6729	0.8192	-2.2892	2.4931	
lnER	环境规制	-1.3501	0.8421	-4.9735	0.8670	
lnGBE	政府支出	2.9544	0.3449	2.1806	3.7104	
ECS	能源消费结构	0.4441	0.1538	0.0121	0.7776	
UI	产业结构优化升级	0.5550	0.3867	-0.2696	2.1574	
TI	技术创新	26556.12	45768.01	364	405885	

① 由于海南省、甘肃省、青海省、新疆维吾尔自治区、宁夏回族自治区、西藏自治区、香港特别行政区、澳门特别行政区和台湾地区相关数据缺失量较大，因而未将以上 9 个省份纳入本章节的研究范围。

4.3 实证分析过程

4.3.1 空间自相关检验

基于上述理论和模型，研究时利用 Stata15.1 软件测算基于空间邻接矩阵的区域碳排放量的 Moran's I 指数，以检验其空间相关性，空间自相关检验结果如表 4-3 所示。不难看出，除个别年度的 Moran's I 指数不显著外，其余年份 Moran's I 指数的 P 值均小于 10%，说明区域碳排放量具有较强的空间集聚性。

表 4-3 2004—2020 年省域碳排放量的 Moran's I 值

年份	Moran's I	P 值
2004	0.028	0.102
2005	0.033	0.073
2006	0.027	0.095
2007	0.028	0.095
2008	0.03	0.081
2009	0.023	0.115
2010	0.023	0.111
2011	0.028	0.093
2012	0.026	0.101
2013	0.033	0.07
2014	0.029	0.083
2015	0.026	0.089
2016	0.016	0.141
2017	0.021	0.116
2018	0.031	0.07
2019	0.028	0.083
2020	0.034	0.062

为更直观展示碳排放量的局部相关关系，揭示各省份碳排放量与相邻省份的空间相关性，研究时以 2020 年数据为例绘制 Moran 散点图，如图 4-2

所示。

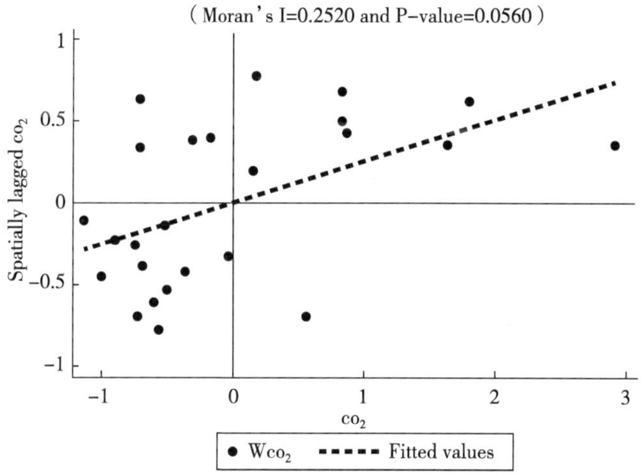

图 4-2 2020 年碳排放量的 Moran's I 散点图

可以看出，我国碳排放量较高的省份其邻近省份的碳排放量较高，说明各省份碳排放量存在局部空间集聚性。

4.3.2 空间计量估计结果与分析

为确定最适宜的空间计量模型，运用 Stata15.1 软件对空间计量模型进行检验，检验结果如表 4-4 所示。

表 4-4 空间杜宾模型检验结果

检验	统计值	P 值	检验	统计值	P 值
LM-lag	97.896***	0.0000	LM-error	106.036**	0.0000
Robust LM-lag	8.899**	0.003	Robust LM-error	17.065***	0.0000
空间效应 LR	74.64***	0.0000	时间效应 LR	978.90***	0.0000
Wald spatial lag	45.80***	0.0000	Wald spatial error	48.30***	0.0000
LR spatial lag	43.53***	0.0000	LR spatial error	45.47***	0.0000
Hausman test	50.58***	0.0000			

注："***""**""*"分别表示在 1%、5%、10%水平上显著。

由表 4-4 可知，Hausman 检验的 P 值为 0.0000，通过了 1%的显著性检验，说明模型应选择双固定效应。同时，基于普通线性 OLS 回归模型的 LM 检验结果显示，LM-lag、LM-error、Robust LM-lag 和 Robust LM-error 均至少通过10%的显著性检验，根据 Elhorst（2010）的判断标准，应建立 SDM 模型。此外，Wald 检验和 LR 检验均通过 1%的显著性检验，拒绝 SDM 会退化为 SAR（SEM）的原假设，进一步说明双固定效应下的 SDM 为最优模型。表 4-5 为空间杜宾模型的估计结果。

表 4-5　数字经济核心产业集聚绿色发展效应的空间杜宾模型计量结果

变量	Coef.	P
lnMar	-0.0365*	0.014
lnJac	-0.0323*	0.055
lnEco	0.1909*	0.032
lnP	0.1665	0.369
lnR	0.1269**	0.001
lnUr	0.5738***	0.000
lnFDI	-0.0742***	0.000
lnER	0.0335**	0.001
lnGBE	0.3109***	0.000
W × lnMar	0.1376***	0.000
W × lnJac	-0.0776**	0.002
W × lnEco	-0.2409	0.144
W × lnP	-0.9044**	0.004
W × lnR	-0.0648	0.426
W × lnUr	0.4188	0.202
W × lnFDI	-0.0014	0.965
W × lnER	-0.0292	0.148
W × lnGBE	0.3441*	0.048
Spatial rho	-0.1486*	0.070
Variance sigma2_e	0.0082***	0.000
R-sq	0.0187	
Log-likelihood	417.3894	

注："***""**""*"分别表示在 1%、5%、10%水平上显著。

从一般回归系数来看，数字经济核心产业专业化和多样化集聚的系数分别为-0.0365 和-0.0323，均通过了 10%的显著性水平检验，即二者回归系数显著为负，说明两种模式的数字经济核心产业集聚均可显著降低本地区的二氧化碳排放量。除此之外，控制变量中的区域富裕度、基础设施建设、城镇化水平、外商直接投资和政府支出均对碳排放量产生了显著影响，且其影响方向与前文判断基本相同，而环境规制对碳排放的影响显著为正，与前文判断相异，考虑原因是环境规制在一定程度上会增加企业治污成本，继而使企业的技术创新投入减少，影响了节能技术的创新使用，增加了碳排放量。

从空间回归系数来看，数字经济核心产业专业化的空间回归系数在1%的水平上显著为正，而数字经济核心产业多样化的空间回归系数则显著为负。初步判断，本地数字经济核心产业专业化集聚程度的加深将带来邻近地区二氧化碳排放量的显著增加，而本地数字经济核心产业多样化集聚程度的加深则将显著抑制邻近地区的二氧化碳排放量。考虑可能存在的原因是，本地专业化集聚程度的加深在一定程度上会引发行业垄断，为巩固自身的垄断地位、保持自身的竞争力，本地企业会保留自己的核心技术以防技术外泄，从而对区域间的技术流通产生不利影响，阻碍了技术创新，而多样化集聚则有利于促进区域技术创新，进而通过技术创新抑制了周围地区的碳排放。同时，控制变量中的人口规模和政府支出均对碳排放量有显著影响。其中，人口规模的空间回归系数在5%的水平上显著为负，说明随着人口规模的增加，邻近地区的碳排放量将显著降低，符合人口迁移的趋势和特点。而政府支出的间接效应系数则通过了10%的显著性水平检验且符号为正，即政府支出对碳排放量有显著的正向溢出效应，初步分析认为合理地减少本地政府支出会对相邻地区产生良好的“示范效应”，使相邻地区的碳排放量也随之减少。

从被解释变量的自相关系数来看，碳排放量的自相关系数在10%的水平上显著为负，说明本地区碳排放量的减少会显著促进相邻地区碳排放量的增加，可能的原因是区域碳排放量虽然在空间分布上表现为集聚，但各省份间仍存在竞争。碳排放量较低的省份通常具有较好的生活环境、环保政策和科学技术等，这些将吸引相邻省份的优势资源和优势产业向本地区转移，进而使周边地区的碳排放量增加，导致“虹吸效应”远大于省份间优质政策的示范效应。

由于空间杜宾模型的直接估计结果未考虑空间反馈效应，研究中进一步运用偏微分矩阵对解释变量的空间效应进行分解，得到直接效应、间接效应和总效应，分解结果见表4-6。

表 4-6 数字经济核心产业集聚绿色发展的空间效应分解结果

变量	直接效应	间接效应	总效应
lnMar	-0.0410**	0.1302***	0.0892**
lnJac	-0.0302**	-0.0673**	-0.0974***
lnEco	0.2010*	-0.2541	-0.0531
lnP	0.1963	-0.8421**	-0.6459**
lnR	0.1339***	0.0702	0.0636
lnUr	0.5612***	0.3123	0.8736**
lnFDI	-0.0737***	0.0073	-0.0663*
lnER	0.0323**	0.0234	0.0557**
lnGBE	0.2975***	0.2728*	0.5703**

注："***""**""*"分别表示在1%、5%、10%水平上显著。

从核心解释变量的空间效应分解结果来看，两种模式的数字经济核心产业集聚的直接效应系数均在5%的水平上显著为负，说明数字经济核心产业集聚可有效降低本地区的碳排放量。同时，数字经济核心产业专业化集聚的间接效应系数显著为正，进一步证实了上文判断：数字经济核心产业专业化集聚对碳排放量具有显著正向溢出效应，而多样化集聚对碳排放量具有显著负向溢出效应，专业化集聚程度加深带来的技术锁定成为可能诱因。

从控制变量的空间效应分解结果来看，区域富裕度、基础设施建设、城镇化水平、外商直接投资、环境规制和政府支出的直接效应系数均至少通过10%的显著性水平检验，对本地的碳排放量产生了显著影响，且其影响方向与直接估计结果相同。同时，仅有人口规模和政府支出的间接效应系数至少通过10%的显著性水平检验，即控制变量中仅人口规模和政府支出对碳排放量存在显著的空间溢出效应，且影响方向与直接估计结果一致。

4.3.3 内生性检验

为避免产生多重共线性和内生性，本节内容参考薛刚等（2020）的做法，利用数字经济核心产业专业化集聚、多样化集聚以及各控制变量的滞后一期构建空间杜宾模型（SDM_2），并与原空间杜宾模型（SDM_1）的各项回归系数进行对比，具体结果如表4-7所示。

表 4-7 不同空间杜宾模型下的回归结果

变量	SDM_1	SDM_2
lnMar	-0.0365*	-0.0340*
lnJac	-0.0323*	-0.0345**
W × lnMar	0.1376***	0.1304***
W × lnJac	-0.0776**	-0.0667*
LR_Direct_lnMar	-0.0410**	-0.0411**
LR_Direct_lnJac	-0.0302**	-0.0317**
LR_Indirect_lnMar	0.1302***	0.1200***
LR_Indirect_lnJac	-0.0673**	-0.0516*
Spatial rho	-0.1486*	-0.2387**
Variance sigma2_e	0.0082***	0.0078***
R-sq	0.0187	0.0199
Log-likelihood	417.3894	400.1592

注："***""**""*"分别表示在1%、5%、10%水平上显著。

由表4-7可知，数字经济核心产业集聚的各项回归系数的符号和显著性在两种空间杜宾模型中基本保持一致，即两种空间杜宾模型的回归结果基本相同。由此证明，研究中关于数字经济核心产业集聚对碳排放量影响的研究结果较为可靠。

4.3.4 内在机制进一步分析

基于上文分析，数字经济核心产业集聚可能通过能源消费结构、产业结构和技术创新影响绿色发展的表征变量——区域碳排放量，故本章节参考史梦昱和沈坤荣（2022）的做法，采用因果逐步回归法对影响机制进行检验。具体模型设计如下：

$$\ln C_{i,t} = \alpha_0 + \alpha_1 \ln Mar_{i,t} + \alpha_2 \ln Jac_{i,t} + \alpha_3 Z_{i,t} + \varepsilon_{i,t} \tag{4-8}$$

$$M_{i,t} = \beta_0 + \beta_1 \ln Mar_{i,t} + \beta_2 \ln Jac_{i,t} + \beta_3 Z_{i,t} + \theta_{i,t} \tag{4-9}$$

$$\ln C_{i,t} = \gamma_0 + \gamma_1 \ln Mar_{i,t} + \gamma_2 \ln Jac_{i,t} + \gamma_3 M_{i,t} + \gamma_3 Z_{i,t} + \mu_{i,t} \tag{4-10}$$

其中，$Z_{i,t}$为各控制变量组成的向量集；$M_{i,t}$为中介变量，包括产业结构优化升级（UI）和技术创新（TI）。具体回归结果如表4-8所示，其中列（2）和列（3）为能源消费结构机制的估计结果，列（1）与列（4）和列（5）为产业结构优化升级机制的估计结果，列（1）与列（6）和列（7）为技术创新机制的估计结果。

表 4-8 数字经济核心产业集聚赋能绿色发展的机制检验

变量		能源消费结构		产业结构优化升级		技术创新	
	(1) lnC	(2) ECS	(3) lnC	(4) UI	(5) lnC	(6) TI	(7) lnC
ECS			1.1932***				
UI					-0.0981*		
TI							-0.0707**
lnMar	-0.0314* (0.070)	-0.0169**	-0.0126 (0.434)	0.0326*	-0.0290* (0.095)	-0.0828*	-0.0350* (0.042)
lnJac	-0.0373* (0.011)	-0.0129**	-0.0221 (0.105)	0.0383**	-0.0324* (0.028)	0.0758**	-0.0317* (0.031)
lnEco	0.2359***	-0.0447**	0.2884***	-0.2125***	0.2176***	1.2780***	0.3322***
lnP	0.5052***	0.0881***	0.6313***	-0.1957**	0.4721***	2.8377***	0.6371***
lnR	0.2349***	0.0649***	0.1613***	0.0628	0.2377***	0.1147	0.2158***
lnUr	0.0793	-0.3697***	0.3598*	-0.1785	-0.1060	1.6612***	0.0412
lnFDI	0.0003	0.0108*	-0.0119	-0.0756***	-0.0071	-0.0944**	-0.0067
lnER	0.0550***	0.0086*	0.0452***	0.0063	0.0546***	-0.0087	0.0534***
lnGBE	0.2428***	0.0519*	0.1781**	0.2543***	0.2683***	0.3591**	0.2697***
_cons	1.4490*	2.8226***	-2.0791*	4.2630***	2.0000*	-35.2516***	-0.5192

注："***""**""*"分别表示在1%、5%、10%水平上显著。

从表4-8中能源消费结构机制的检验结果来看，列（2）中两种数字经济核心产业集聚模式对产业结构优化升级的回归系数均在5%的显著性水平上显著为负，说明数字经济核心产业集聚程度的加深有助于优化以煤炭为主的能源消费结构。同时，分析比较列（1）和列（3）中中介变量和核心解释变量的回归系数可发现，能源消费结构对碳排放量有显著的促进作用，且列（3）中数字经济核心产业集聚的系数绝对值及其显著性相比列（1）明显降低，说明中介效应显著，数字经济核心产业集聚通过影响能源消费结构间接影响碳排放量。

从产业结构优化升级机制的检验结果来看，列（4）中两种数字经济核心产业集聚模式对产业结构优化升级的回归系数均为正且至少通过10%的显著性水平检验，说明数字经济核心产业集聚程度的加深有助于区域产业结构优化升级。列（5）中产业结构优化升级对碳排放量的回归系数显著为负，说明产业结构优化升级对碳排放量有显著的抑制作用。同时，比较列（1）和列（5）中数字经济核心产业集聚的回归系数可发现，加入产业结构优化升级变量后，数字经济核心产业集聚对碳排放量的影响程度明显降低且其对应的P值也明显变大，说明产业结构优化升级的传导作用显著。产业结构优化升级是数字经济核心产业集聚影响碳排放量的有效途径。

从技术创新的检验结果来看，列（6）中数字经济核心产业专业化集聚模式对技术创新的回归系数显著为负，说明数字经济核心产业专业化集聚不利于技术创新，考虑是由于专业集聚规模扩大带来了行业垄断，进而引发了“技术锁定”。同时，列（6）中数字经济核心产业多样化集聚的回归系数在5%的显著性水平上显著为正，说明数字经济核心产业多样化集聚可促进技术创新。此外，由列（7）可知，技术创新对碳排放量有显著为负的影响。通过分析比较列（1）和列（7）中数字经济核心产业集聚的回归系数可发现，一方面，数字经济核心产业多样化集聚对碳排放量的系数绝对值明显降低，而其对应P值明显增加，说明对数字经济核心产业多样化集聚而言，技术创新的传导作用显著；另一方面，数字经济核心产业专业化集聚的系数绝对值明显增加，而其P值明显减小，考虑数字经济核心产业专业化集聚对技术创新显著的负向作用，说明存在显著的遮掩效应。数字经济核心产业集聚可通过技术创新影响碳排放量。

综上可知，能源消费结构、产业结构优化升级和技术创新是数字经济核心产业集聚影响区域碳排放量的主要途径。

4.4 本章小结

本章基于2004—2020年中国25个省份的面板数据，以数字经济核心产业专业化集聚和多样化集聚为核心解释变量，以省份二氧化碳排放量为被解释变量，并将能源消费结构、产业结构优化升级和技术创新作为中介变量，通过构建空间杜宾模型和中介效应模型分析研究了数字经济核心产业集聚绿色发展的空间效应和内在作用机制。研究结果如下：第一，数字经济核心产业集聚对本地二氧化碳的排放具有显著抑制作用，随着本地数字经济核心产业集聚程度的加深，本地二氧化碳排放量会随之减少。第二，数字经济核心产业集聚会显著影响相邻地区的二氧化碳排放。其中，数字经济核心产业专业化集聚对二氧化碳排放具有正向的空间溢出效应，而数字经济核心产业多样化集聚则会抑制相邻地区的碳排放，这是由于专业化程度的加深会诱发“技术锁定”效应，从而阻碍了区域间技术流通，继而使相邻地区碳排放量增加。第三，数字经济核心产业集聚主要通过能源消费结构、产业结构优化升级和技术创新机制影响区域碳排放。

针对上述研究结论，提出以下政策建议：第一，加大数字平台等数字化基础设施建设的力度，全面推动产业数字化转型，通过丰富数字经济产业种类，推进数字经济核心产业多样化集聚程度。第二，制定合适的数字经济产业发展政策，通过政策引导缓解因数字经济核心产业过度专业化集聚带来的技术锁定等问题，实现数字经济核心产业绿色发展和高质量集聚。第三，不同的数字经济核心产业集聚模式对碳排放的影响不同，各地应根据自身的预期减排目标，调整本地数字经济核心产业布局，并对两种数字经济核心产业集聚模式进行合理的规划与布置。第四，注重数字经济核心产业集聚对碳排放的空间效应，加强区域间有关节能减排政策和数字经济核心产业布局的沟通交流，从全局角度出发协调区域间数字经济核心产业的布局，充分发挥数字经济核心产业集聚对碳排放的负向溢出效应，建立“共商、共治、共享”的碳排放控制体系。第五，数字经济产业发展和集聚的过程同样伴随着一定的能源消耗，因此在推进数字经济产业集聚的同时，要强化技术创新，以此提高能源使用效率，进而最大限度地发挥数字经济核心产业集聚的减排效应。

5 绿色发展视域下数字经济产业集聚的国内局部实践

在前述章节数字经济产业集聚绿色发展空间效应论证的基础上，本章节内容将通过介绍国内数字经济核心产业代表性区域的建设情况、成效与典型模式等，呈现其数字核心产业集聚过程中绿色化发展成效，包括产业发展本身带来的绿色发展质效、人为干预采取的绿色发展手段等。

国内数字经济产业建设主要发力于“十三五”时期，部分地区自21世纪初开始着力信息产业发展，成为数字经济产业的雏形。而对数字产业的绿色化发展认知相对滞后，主要始于“十三五”末期。发展数字经济目前已成为全国多地建设的主要方向之一，被纳入各地“十四五”规划和2035年远景目标，但在发展过程中融合绿色发展的理念尚未完全形成，目前仍处于起步阶段。对标国外来看，我国数字经济产业发展相对而言走在前列，但产业发展的绿色化水平与绿色化理念还相对滞后，近年来数字经济相关文件的主要内容见表5-1。

表5-1　近年来数字经济相关文件的主要内容

文件名	主要内容与政策
中国数字经济发展白皮书（2022年）	（1）我国已形成了横向联动、纵向贯通的数字经济战略体系； （2）数字经济作为国民经济的“稳定器”“加速器”，作用更加凸显； （3）产业数字化继续成为数字经济发展的主引擎； （4）数字化治理体系正在构建； （5）数据价值挖掘的探索更加深入
“十四五”数字经济发展规划	（1）优化升级数字基础设施； （2）充分发挥数据要素作用； （3）大力推进产业数字化转型； （4）加快推动数字产业化； （5）持续提升公共服务数字化水平； （6）健全完善数字经济治理体系； （7）着力强化数字经济安全体系； （8）有效拓展数字经济国际合作

续表

文件名	主要内容与政策
关于支持新业态新模式健康发展　激活消费市场带动扩大就业的意见	（1）不断提高数字治理水平； （2）培育产业平台化发展生态； （3）加快传统企业数字化转型步伐； （4）打造跨越物理边界“虚拟”产业园和产业集群； （5）发展基于新技术的“无人经济”
关于推进“上云用数赋智”行动　培育新经济发展实施方案	（1）服务赋能：推进数字化转型伙伴行动； （2）示范赋能：组织数字化转型示范工程； （3）业态赋能：开展数字经济新业态培育行动； （4）创新赋能：突破数字化转型关键核心技术； （5）机制赋能：强化数字化转型金融供给
中小企业数字化赋能专项行动方案	（1）夯实数字化平台功能； （2）加强数据资源共享和开发利用； （3）发展数字经济新模式新业态； （4）促进产业集群数字化发展
工业和信息化部办公厅关于推动工业互联网加快发展的通知	（1）提升工业互联网平台核心能力； （2）加快工业互联网试点示范推广普及； （3）增强工业互联网产业集群能力
关于发展数字经济稳定并扩大就业的指导意见	（1）加快培育数字经济新兴就业机会； （2）持续提升劳动者数字技能； （3）大力推进就业创业服务数字化转型

注：根据政府相关部门文件整理而得。

通常而言，数字经济涵盖了数字产业化和产业数字化两个方面。其中数字产业化是数字经济的基础构成内容，具体包括软件和信息技术服务业、电子信息制造业、电信业、互联网行业等。

而产业数字化是信息通信技术与传统产业结合后催生的新产业新业态新模式，如智能网联汽车、智能无人机、移动支付、电子商务等。无论是数字产业化，抑或是产业数字化，其依托互联网信息技术对传统产业的改造与新业态的培育，均具有绿色低碳高效发展的内涵，表 5-2 展示了部分数字经济产业集聚的“减碳”新方向。

表 5-2 数字经济产业集聚的“减碳”新方向

代表性公司或项目	主要发展方向	依托技术平台
国网新疆电力	数字化新基建	人工智能样本库、模型库、人工智能平台（AI“两库一平台”）①
杭州建德草莓小镇产业园	绿色智能与计算设施	智慧大棚、自动化浇灌机、数字化设备
国家（杭州）新型互联网交互中心	城市算力节点、新城建与物联网	液冷技术产业、杭钢云计算中心、边缘计算数据中心、智慧城市基础设施
贵阳市大数据产业公司（“宇算中心”）	算力网络体系、数据要素流通交易	新型算力服务模式、工业互联网标识解析体系

注：根据相关资料整理而得。

5.1 “中国数字经济第一城”——杭州（三化融合模式）

数字技术在杭州规模化集聚，不但促成了新产业、新经济生长，还为传统产业插上“数字”科技的翅膀，通过与数字经济的有机融合，持续催生出新模式与新业态，更加强调数字产业化、产业数字化、城市数字化“三化融合”模式。

5.1.1 数字经济产业发展历程

21 世纪初，浙江杭州借助国家城市信息化、流通领域电子商务试点的机遇，加强技术创新，制定并实施了以“两港三区”为重点的“天堂硅谷”的重要决策，即“一号工程”建设。该部署设定力争在 2010 年前，基本建成“数字杭州”。2014 年 7 月，立足新的实践，杭州作出进一步实施“一号工程”的决策部署，着力发展信息经济和推动智慧应用，见表 5-3。2022 年 7 月，浙江省数字经济高质量发展大会上发布了“一号工程”的升级版，核心内容是：力争 5 年时间使浙江数字经济增加值突破 7 万亿元、核心产业增加值突破 1.6 万亿元，实现新一轮“双倍增”，进而抢占数字竞争新的制高点。

① 马爱平. AI“两库一平台”建设 助推电力业务智能化［N］. 科技日报，2021-07-26.

表 5-3 “一号工程”实施方案年度变化情况

年份	部分内容
2014	• 制定信息经济总体规划； • 制定颁布全国首部《浙江省智慧经济促进条例》； • 设立信息经济产业投资基金
2015	• 重点推动制造业“互联网+”； • 加快新产业培育、新技术应用、新模式推广； • 掀起特色小镇建设高潮
2016	• 推进“数据大脑”等新型智慧应用； • 推动以新能源汽车、集成电路为代表的核心基础产业发展
2017	• 加快工业互联网基础平台建设，探索形成从“机器换人”、“工厂物联网”到“ET工业大脑”“企业上云”的智造之路； • 加快推进未来产业发展，布局发展人工智能、虚拟现实、区块链、量子技术、增材制造、商用航空航天、生物技术和生命科学七大未来产业
2018	• 明确提出了“全国数字经济第一城”目标； • 提升发展数字产业； • 加快传统产业数字化改造； • “城市大脑”建设百日攻坚行动
2019	• 积极推进数字产业化和产业数字化； • 组织设立100亿元数字经济产业基金； • 打造100个“无人车间”“无人工厂”； • 扶持100家数字骨干企业； • 推进100个数字化重大项目； • 实施100个园区数字化改造； • 力争数字经济核心产业增加值增长15%以上

资料来源：根据杭州市人民政府官网公开信息整理。

5.1.2 数字经济产业发展中的绿色化转型

5.1.2.1 基本做法

一是发展新型数字化产业，抢占绿色产业制高点。事实上，杭州在推动中国（浙江）自由贸易试验区杭州片区建设期间，就积极筹备数字产业集聚区、数字金融创新区、数字物流先行区和数字监管标杆区的建设。2018年，该市在未来科技城的人工智能小镇推进中，着力在5G通信技术、智能制造、智慧医疗、大数据、云计算、机器人等领域加强要素和制度配置，吸引了中国信通院人工智能（杭州）研究中心、北航 VR/AR 创新研究院等 19 个高端研发机构集聚创新创业人员 15000 余人，正在成为全国人工智能产业集聚引领区。

与此同时，依托数字经济优势发展绿色产业已成为杭州推进低碳转型的一大重点。2022 年 4 月，杭州市制定出台《关于完整准确全面贯彻新发展理念做好碳达峰碳中和工作的实施意见》，为该地高质量实现碳达峰碳中和明确了前进方向。

二是推动传统产业数字化改造与绿色转型，优化产业生态。除发展新型数字化产业，对传统产业进行数字智慧化改造以提升产业发展效率也是杭州数字经济核心产业在实现绿色发展过程中迈出的重要一步。自 2021 年开始，一场全面推进数字化改革的热潮席卷浙江大地。在完善新型基础建设的基础上，杭州市通过强化数字赋能全方位转型升级主动力。紧扣数字化重塑和“一二三产”竞争力提升，杭州加快建设以“产业大脑+未来工厂”为核心的数字经济系统。推动数字技术与实体经济深度融合的产业数字化，是一大亮点。其中较为典型的企业西奥电梯，是杭州推动产业数字化，大力实施制造业数字化改造的一个缩影。例如，在西奥电梯的数字化智能工厂里，生产线从上料到下线能实现全天候全自动运行，最快只需 2 分钟，一台电梯的主要零部件就能顺利下线；“数字孪生”黑科技能够感知生产过程中的故障问题；1 分钟快速选型报价，实现各类型尺寸电梯的个性化定制。通过数字化改造实现工厂的智慧化改造，提升效率的同时也是能耗水平的降低过程，绿色化成效也就成为企业追求高质高效发展的正外部性产物，伴随性实现。经过多年实践，杭州迈上了从机器换人、工厂物联网、企业上云到“未来工厂”的智能制造道路。通过对传统产业的数字化改造大幅提升了企业工厂的生产效率，降低了能耗，走上了绿色化发展的数字化产业发展之路。

三是深化政企合作，完善数字化城乡治理。2020 年，杭州市制定出台《杭州城市大脑赋能数字治理促进条例》，该条例构建起了城市大脑应用场景上线、评价、退出的全生命周期监管体系。疫情防控期间还积极推进健康码 2.0 平台建设，该平台整合了心理援助、一码就医、预约挂号等场景。另外，该市还积极构建“城市大脑”数字界面，并实现 App、官网、支付宝等多端同步。需要说明的是，2020 年度杭州市与阿里巴巴集团签订持续深化合作加快建设“全国数字治理第一城”协议，进而迈出了数字化城乡治理重要一步。

5.1.2.2 发展成效

一是杭州数字经济产业发展早、速度快，并初步形成集群效应。1999 年，杭州信息产业在全市 GDP 中的比重为 5.6%，信息产业从业人数为 6.85 万人。到“十三五”时期，杭州市数字经济核心产业增加值持续高速增长。2020 年，该市数字经济核心产业营业收入接近 1.3 万亿元，增速为 15.4%；增加值为 4290 亿元，增速为 13.3%，占 GDP 比重已近 27%，数字经济成为高质量发展的引领力量。同时，数字产业集群发展效果初现。2020 年，杭州未来科技城国家级双创示范基地获国办督查激励通报，同时还有三个双创示范基地支撑项目验收通过，高新区（滨江）还获批国家级双创示范基地。另外，杭州数字安防产业进入国家级先进制造业产业集群序列，智能计算、网络通信等进入浙江省标志性产业链序列，杭州软件和信息技术服务业综合竞争力迈入全国大城市第一方阵。

二是数字经济产业绿色低碳转型效果佳。杭州自 2010 年入围全国首批低碳试点城市，该市依托数字经济产业优势，始终推进绿色低碳发展，扎实开展工业、交通、能源等关键领域节能减排和能效提升实践，碳排放强度在“十三五”期间明显下降，低碳转型已走在全国前列。据南财城市通、21 世纪经济研究院碳中和课题组 2022 年 6 月发布的《中国净零碳城市发展报告（2022）》（以下简称《报告》）表明，杭州市在 30 个城市净零碳发展水平总排行中高居第四位，较 2021 年前进两个位次。从测算及评判结果看，该市单位 GDP 碳排放、单位 GDP 能耗等关键性指标为优异，人均能源消费量、一般工业固体废物处置率、发电侧碳排放量等指标也表现较为突出。此外，《报告》中还指出，其碳排放指数和能源消费指数排名居前，受益于该市发电侧碳排放量低，且其单位 GDP 碳排放量和单位 GDP 能耗也处于较低水平。

三是数字化城乡治理成效显现。2020 年，杭州行政村实现 4G 网络全覆盖，100M 光纤接入率达 100%。通过建成数字农业综合平台，“平台+App”已涵盖全市 3211 家规模主体的信息库管理，完成县、乡镇、村多级巡查数据互联互通。此外，该地“基层治理四平台”进一步向村一级拓展，实现了网格巡查任务 100%完成率，上报事件办结率达 98%；同时，该市还加大了公共服务窗口数字化转型力度，全市益农信息社行政村覆盖率实现 100%，行政许可事项也能 100%网上办理。

与此同时，2016 年杭州市承办的 G20 杭州峰会通过的《二十国集团数字经济发展与合作倡议》，第一次将“数字经济”列为 G20 创新增长蓝图中的重要内容。以此为契机，杭州以城市大脑理念创新城市治理，成功打造全国城市数字治理典型范本。据《中国城市数字治理报告（2020）》显示，杭州数字治理指数位居全国第一，获评“新时代数字治理标杆城市”称号。

5.1.3 未来发展规划及预期目标

根据《杭州市国民经济和社会发展第十四个五年规划和二〇三五年远景目标纲要》，提出要以数字科技创新为核心动力，以数字化改革为牵引，深入实施数字经济“一号工程”2.0版，巩固和提升数字经济先发优势，奋力打造全国数字经济第一城和全国数字治理第一城，争创数字经济国家示范城市。

杭州市“十四五”时期的重要任务之一在于实现数字产业化、产业数字化、城市数字化深度融合，包括在新基建、新消费、新制造、新电商、新健康、新治理方面加速推进，同时城市大脑更为智慧，数字社会建设持续深入，全市数字经济核心产业主营业务收入突破2万亿元大关、增加值超过7000亿元。到2025年，数字经济核心产业增加值占GDP比重超过30%。此外，数字经济总量占GDP比重要高于浙江省10个百分点以上，增速上引领全国；“五地”建设方面取得突出成就，数据要素市场改革扎实推进，“全国数字经济第一城”地位持续巩固，全力构建全球数字经济发展示范城市，形成“重要窗口”显著标志。

5.2 西部大数据中心——云上贵州（“四型”数字经济模式）

2015—2017年，贵州省数字经济增速连续三年全国第一，绿色数据中心数量全国第二。2016年，贵州国家大数据综合试验区获得批复。之后，贵州省开展统筹推进综合试验区建设与大数据战略行动，着力实施数据开放共享、数据中心整合利用、大数据创新应用、大数据产业集聚发展、大数据资源流通与交易、大数据国内外交流合作、大数据制度创新等系统性试验。2019年，贵州省数字经济增速超过22%，已连续5年排名第一。此外，从2019年开始贵州省按照“一个坚定不移、四个强化、四个加快融合”的总体部署，深入推动国家大数据（贵州）综合试验区建设，稳步实施数字经济、数字治理、数字民生、数字设施、数字安全五大攻坚战，助力数字经济成为该省高质量发展关键内容。

5.2.1 发展历程

贵州发展大数据产业起步相对较晚，但其拥有独特的自然优势，利用贵州生态环境好、气候宜人等综合优势发展大数据产业，并获得较大成效，见

表 5-4。2014 年 3 月，《贵州省信息基础设施条例》发布并成为国内第一部信息基础设施法规。2014 年 10 月，基于云计算的“云上贵州”省级政府数据共享系统平台正式上线，这也是国内首个。同年 12 月，国内首个国家级大数据产业集聚区落户贵阳。2015 年 4 月，全国首家大数据交易所在贵阳成立，成为大数据交易重要平台。此后的 2015 年 5 月，“大数据战略重点实验室”在贵阳成立，这也是国内成立的首个大数据战略重点实验室。进入当年 7 月，首个国家级旅游数据中心也在该省正式落户，这也是第一个落户贵州的国家级数据中心。2016 年，贵州省“十三五”规划提出，实施大数据战略行动，拓展信息经济新空间。同年，《贵州省大数据发展应用促进条例》出台，这成为国内首部大数据地方性法规。2017 年，贵州率先出台首个省级数字经济发展规划《贵州省数字经济发展规划（2017—2020）》。此外，在产业数字化方面，该省出台并实施了国内首个大数据与实体经济深度融合指标体系，持续推进“千企改造”“万企融合”工程，着力在实体经济向数字化、网络化、智能化转型。据有关数据统计，该省超过 2 万家企业上云。

表 5-4　2014 年以来贵州数字经济核心产业发展相关内容

名称	特点	功能与作用
《贵州省信息基础设施条例》	全国首部信息基础设施法规	数字产业发展的法律保障
“云上贵州”系统平台上线	全国首个基于云计算的省级政府数据共享平台	依托阿里云“飞天”大规模分布式计算系统的基础平台，实现数据应用、衍生产业
贵安大数据产业发展集聚区	全国首个国家级大数据产业集聚区	推动数字经济核心产业创新发展
贵阳线上大数据交易系统	全国首家大数据交易所	提供一个公平、可靠、诚信的数据交易环境
贵阳大数据战略重点实验室	全国首个大数据战略重点实验室	培训示范、科研创新引领、人才培养
贵州国家级旅游数据中心	首个国家级旅游数据中心	旅游数据资源汇总、开放与共享，推动贵州旅游大数据试点建设
国家大数据（贵州）综合试验区	全国首个获批建设的国家级大数据综合试验区	推动中国数据资源管理与共享、数据中心整合、数据资源应用等开展系统性试验

续表

名称	特点	功能与作用
提升政府治理能力大数据应用技术国家工程实验室	全国首个国家大数据工程实验室	促进大数据产业快速发展，构建大数据领域创新网络
《贵州省数字经济发展规划（2017—2020）》	我国首个发布的省级层面数字经济发展规划	加快发展资源型、技术型、融合型、服务型“四型”数字经济，培育数字应用新业态
贵州大数据标准化技术委员会	全国首个大数据标准化技术委员会	为开展大数据标准化工作提供组织保障
贵州省大数据发展管理局	首个省属大数据发展管理局	为大数据管理提供组织保障与具体负责单位
贵州建设社会信用体系与大数据融合发展试点	全国首批社会信用体系与大数据融合发展试点省	完善社会信用体系与信息共享，推动“诚信贵州”的建立
贵阳成为全国首批 5G 试点城市	全国首批 5G 试点城市	推动基础设施数字化发展，加速智慧城市建设、产业结构升级，优化创新环境
（贵州）智慧广电综合试验区	国家首个智慧广电综合试验区	推动媒体融合与智慧广电传播，拓展智慧广电业态
贵州省政务数据“一云一网一平台”	全国首个省级层面运用大数据服务民生、助推数字产业发展的综合性平台	推动贵州政务服务水平迈向新台阶
《贵州省大数据与实体经济深度融合实施指南》	全国首个大数据与实体经济深度融合实施指南	推动实体经济与大数据深度融合，拓展数字经济业态
《贵州省政府数据共享开放条例》	全国首部省级层面政府数据共享开放地方性法规	推动政府数据共享开放，加快政府数据汇聚、融通、应用，提升政府社会治理能力和公共服务水平
《大数据与实体经济融合评估规范》	全国首个大数据融合地方标准	提出大数据与实体经济融合领域的技术标准
《贵州省公共资源交易区块链数据共享工作试点实施方案》	贵州省统一的公共资源“链上交易”平台	实现贵州省公共资源交易数据防篡改、可追溯、可信任的管理应用，强化交易监管
贵州数据流通交易服务中心		创新管理模式、突出市场化运营和积极营造产业生态，培育专业的“数据商”和“数据中介”，打造流通交易服务生态

续表

名称	特点	功能与作用
贵州全国一体化算力网络国家枢纽节点（“东数西算”工程）	全国首批一体化算力网络国家枢纽节点	发展高可靠、高能效、低碳数据中心集群，优化东西部互联网络和枢纽节点间直联网络，引导数据中心集约化、规模化、绿色化发展，提升跨区域算力调度水平
大数据与实体经济深度融合全国行（贵州站）	全国性大数据与实体经济融合会议	数字经济领军人才训练，共同探讨政产学研新路径、新方法，促进大数据赋能实体经济企业数字化转型

5.2.2 主要做法

（1）依托资源型数字经济，推动产业结构绿色高效转型。面对传统产业占优势的工业结构基础，贵州充分利用成熟的信息通信技术对现有的产业和经济部门进行改造提升、提高效率，为原有酒、矿、煤、电等行业插上数字经济的翅膀、涂上绿色发展的底色。与此同时，贵州积极布局新能源电池材料及汽车产业，并充分利用全国 8 个算力网络核心枢纽节点之一等大数据平台探索适合贵州的高新技术产业与重点领域，围绕数据中心的绿色化与节能减排开展新技术布局与推广应用，不仅推动数字经济产业“从 0 到 1”的突破，更实现“从 1 到 N”的裂变与规模化集聚，数字经济成为推动贵州绿色高质量发展的强大动力。

（2）发展数字经济技术，着力推进数字基础设施建设。发展数字经济以来，该省建设了一批关键数字基础设施。其中在 5G 方面，2020 年贵州建设并开通了 5G 基建 20721 个，超额实现年度任务，全面覆盖 88 个县，实现了县县通；在网络基础上，贵安国际互联网数据专用通道正式建成，链路带宽增至 310G，同时互联网出省宽带累计达到 1.7 万 G，同比增速超过 40%；该省通信光缆达到 140.95 万千米，同比增速为 27.9%，光端口累计达到 1906 万个，相较 2019 年增加 12 万个，同比增长 20%以上。贵州全省在建或投运数据中心超 23 个，同时“能源云”整体架构设计基本实现，华为、腾讯等企业数据中心建成运营，央行数据中心成功引进落地。此外，该平台“享链”在河湖治理、身份链场景化方面得到应用。

（3）发展融合型数字产业，推进数字与实体经济的深度融合。贵州大数据正与三次产业等实体经济有机融合，企业借助收集和整理得到的销量信息、大量用户偏好等信息，通过对大数据分析能较好设定产品，进而为企业降本升值。据数据表明，该省 35%的工业企业能实现大数据与业务环节深度融合；截至当前，贵州已带动 600 多户企业开展融合改造，相比措施未实施前，该省大数据与实体经济融合指数提高 7.3，提升至 41.1①。

（4）集聚服务型数字产业，持续增进低碳数据服务水平。如华为工业园区若安装存储服务器 40 万台，将为 170 多个国家的华为用户提供云服务，此外，也将有超 600 位工程师为公司内部提供信息技术服务；Apple 公司也在贵安建设第三个数据中心。截至 2022 年，贵安新区已有 12 座超大型数据中心在建或已投产使用，总投资高达 400 亿元，可承载的服务器超过 400 万台，且数据中心的平均 PUE 值低于 1.4，能耗水平与国际水平相当。此外，“贵州农产品大数据平台”“一码游贵州”“云游贵州”“贵州通”等新业态也成功上线。

5.2.3 建设成果

5.2.3.1 核心产业集聚效果佳，产业发展速度快

推进贵阳大数据科创城建设，建设一批数字经济“双创”基地、孵化器等创新载体和数字化转型公共服务平台，引导数据、人才、资金、技术、市场主体等要素集聚，推动产业链上中下游供需对接、融通创新，引导数字经济创业创新、引导高端人才集聚。

贵州是我国第一个国家级大数据综合试验区，近年来通过持续推进大数据战略行动，将发展数字经济作为后发优势和驱动力，前后共招引培育了苹果、华为、腾讯、满帮等重点企业入驻，进而推出全国首个大数据与实体经济深度融合系列地方标准。当前，贵州投入运营及在建的数据中心已高达 25 个，其中超大型数据中心 11 个，贵州一跃成为全国南方数据中心示范基地，也是世界上集聚超大型数据中心最多区域之一。有关数据表明，2021 年贵州数字经济增加值占地区生产总值比重超过 35%，较上年增长 3 个百分点，高于“十三五”期间每年 2 个百分点左右的增速。

5.2.3.2 “四型”数字经济成果显著，对贵州社会发展支撑力强

“十三五”时期，贵州省坚定不移地实施大数据战略行动，推动“四个强化”，扎实推进“四个融合”，做实首个国家大数据综合试验区、贵阳贵安大

① 傅相冰. 数字经济背景下贵州经济高质量增长［J］. 中国经贸导刊（中），2021（11）：48-49.

数据产业发展集聚区、贵阳大数据技术创新试验区等建设，获得建设45项国家大数据相关试点示范的支持，数字经济增速连续六年领跑全国。大数据成为引领贵州经济社会发展的新引擎与世界认识贵州的新名片。根据中国信息通信研究院发布的《中国数字经济发展报告（2022）》，贵州省2021年数字经济增加值规模同比增长20.6%，增速高于全国平均水平4.4个百分点，连续7年位居全国第一。

5.2.3.3 自然资源优势明显，绿色数据中心“减碳”效果明显

与东部沿海省份相比，贵州省喀斯特地貌广布，地质结构稳定，同时该省水及煤炭资源丰富，是“西电东送”重要项目实施的起始地。数据中心虽是高能耗产业，但实施50%左右的电力能耗来自设备散热支出的空调费用。据有关数据统计显示，该省夏季平均气温仅24℃，为此该省数据中心运行中空调开机时长较短，项目在该省推进中具有低能耗优势，有助于降低运营维护成本。一方面，贵州凉爽的气候降低了散热成本；另一方面，贵州水电相对充沛，使用绿电用于建设可极大降低碳排放实现绿色化。

为进一步提升数据中心节能环保水平，推进数据中心绿色健康发展，打造贵州中国南方数据中心示范基地，贵州省决定在全省开展数据中心绿色化专项行动，2018年颁布了《贵州省数据中心绿色化专项行动方案》。2020年全国数据中心PUE平均值在1.8~2.0，而贵州数据中心PUE平均值约为1.4，超过全国平均水平。其中贵安七星数据中心实测其极限PUE可达1.1左右，远低于国内新建数据中心PUE平均值（1.73）。同时，贵州省绿色数据中心数量居于前列。据工信部数据，截至2020年底，贵州获批国家绿色数据中心数量仅次于广东、北京和上海，高居全国第4位。在“双碳”战略目标下，贵州绿色数据中心建设位于全国第一方阵，将有助于获取国家政策扶持，激发国家和行业级数据中心向该省集聚发展。

5.2.4 存在的问题及主要障碍

（1）信息基础设施有效供给不足，数字产业链条不完备。一是网络通信能力较差。截至2020年底，贵州省互联网出省带宽为1.7万Gbps，同比增长41.7%，但与国内发达省份比较来看差距明显，如河北省已达4.05万Gbps。二是宽带网络服务水平不高。有关数据显示，2021年4月贵州宽带网络平均上传网速为35.91Mbps，在全国排名第20位，约为排名第一的宁夏回族自治区（61.26Mbps）的58%左右。同时，贵州数据中心硬件设备除服务器外，

其他主要设备多无法在本省生产，面向数据中心的设备及产品研发的企业也较少。此外，产业链中游数据中心建设和运营相关产业未形成规模，数据清洗、数据安全等高附加值增值服务也较少，业务模式较单一①。

（2）数据流通机制不够完善，缺乏高价值数据资源。各主体在数据流通各环节的权责划分不细（使用方违规也导致提供方被追责），数据分类分级、定价（市场化定价或政府指导价）、利益分配和权益保障等机制尚不完善，缺乏可操作、可执行的管理制度和实施方法。政务数据、公共数据等高价值数据资源供给不足，难以满足旺盛的市场需求，对市场主体吸引力有限。

（3）人才吸引力不强，人才缺口大。贵州囿于经济发展程度较低、薪资水平不高、人才激励不足等制约，人才吸引力不高。据《中国城市人才吸引力排名：2021》数据显示，2020 年贵州省贵阳人才吸引力指数仅为 32，在最具人才吸引力城市 100 强中排第 44 位，与成都（61.2，排第 8 位）、长沙（55.8，排第 10 位）、昆明（36.9，排第 33 位）等周边省会城市相比还有一定差距。此外，数据中心相关产业作为技术密集型行业，由于该省数据中心相关产业人才引育起步晚、规模小，而行业发展迅猛，尤其是高端技术人才、创业人才、管理人才等高层次人才的需求很大，人才缺口日益扩大。相关数据显示，该省数字经济人才需求总量为 46 万左右，现有人才规模为 35 万，缺口已高达 11 万②。

5.2.5 未来发展方向及目标

《贵州省“十四五”数字经济发展规划》（以下简称《规划》）提出，要推进数字经济万亿倍增计划，数字经济要成为经济增长的主要驱动力。至 2025 年，大数据电子信息产业总产值要突破 3500 亿元大关；全省数字经济增加值要实现倍增，进而在 GDP 中比重达到 50%上下；三次产业规模以上企业基本实现大数据深度融合。并提出了构筑特色引领的数字经济新优势、树立全国领先的数字化治理标杆、打造国家数据生产要素流通核心枢纽、建成集约高效的数字基础设施等发展目标。《规划》提出，展望 2035 年，贵州省数字产业生态健全，数字政府全面建成，数据要素市场化水平引领全国，数字基础设施规模和创新水平处于全国前列，数字经济全面引领经济社会发展。

①② 李冬莲，肖路平，佟岩．抢抓数字经济战略新机推动贵州数据中心高质量发展研究［J］．贵州商学院学报，2021，34（3）：1-9.

5.3 西部数字经济新势力——天府四川（算力数字经济）

5.3.1 发展历程

四川省数字经济起步相对较晚，但发展速度快、建设成效明显。该省“十三五”规划明确提出，要促进信息化与经济社会深度融合。其中重点提及要完善大数据产业链，加快大数据的创新应用，积极推进新的应用、商业模式及服务业态，推动西部地理信息科技产业园、北斗导航服务产业基地建设等。统筹云计算数据中心建设，实施云计算示范应用工程，构建云网等四川公共服务平台，引导行业信息化应用“上云”，推动云计算科技创新发展。

自2018年以来，四川相继出台《关于加快推进数字经济发展的指导意见》《关于深化“互联网+先进制造业”发展工业互联网的实施意见》等制度文件，推进数字经济高质量发展，加快构建以数字经济为牵引的现代产业体系。2019年10月，国家数字经济创新发展试验区启动会在第六届世界互联网大会（乌镇峰会）上，河北省（雄安新区）、浙江省、福建省、广东省、重庆市、四川省6个国家数字经济创新发展试验区启动建设工作。有关四川数字经济发展制度文件见表5-5。

表5-5 四川数字经济发展相关政府文件与主要内容

名称	主要内容
《加快推进数字经济发展的指导意见》	构建“5+1”现代产业体系，加快发展数字经济核心产业
《关于深化“互联网+先进制造业”发展工业互联网的实施意见》	推进“互联网+先进制造业”发展，加快构建“5+1”现代产业体系
四川入选“首批国家数字经济创新发展试验区”	重点探索数字产业集聚发展模式
四川数字经济产业发展研究院	在战略决策咨询合作、科技创新与成果转化、人才交流与培养等方面与四川省人民政府开展合作
《关于推进跨行业信息通信基础设施合作建设的指导意见》	构建跨行业信息通信基础设施建设合作体系，推动互联网、大数据、人工智能和实体经济深度融合
《关于加快推动5G发展的实施意见》	加快推进5G网络设施建设，构建具有四川特色的5G产业生态体系
《四川省“十四五”数字经济发展规划》	建成具有全国影响力的数字经济科技创新中心和数字化转型赋能引领区

续表

名称	主要内容
四川数字经济智创未来云上大会暨第九届 5G 三千兆 IPTV 超高清节	深入贯彻数字经济发展战略部署，搭建推动四川打造数字产业化、产业数字化助推数字经济发展的新平台

5.3.2 基本做法

(1) 依托自然资源优势，积极打造成渝大数据产业基地。依托水电资源丰富、气候条件适宜等优势，四川雅安正加速建设中国雅安大数据产业园，打造成渝地区大数据产业基地，逐步打响“中国雅云”大数据产业名片。位于四川雅安的中国雅安大数据产业园自 2019 年投入运营以来，成为数字经济“底座”，为数字经济产业发展提供存储和算力支撑。目前，雅安大数据产业园已建成该省单体规模最大、标准最高的绿色数据中心，入驻企业包括诸多国内互联网头部企业。依托数据存储和算力服务，该产业园还在创新应用、孵化器、信息化服务等领域不断探索，并每年以几万平方米的速度扩建和投运。

除雅安外，四川多地皆有自身在数字经济产业中的发展优势和角色分工。成都加快建设数字经济创新发展试验区，聚焦新型显示、高端软件等数字经济重点细分领域，紧盯融合应用，推动数字赋能升级；广元构建数字化产业链，加强与浙江、深圳等地大型数字企业、信息化企业联系，引进企业落户；遂宁大力发展电子信息产业，深化电子政务应用，推动智慧城市建设，构建数字经济新生态；乐山加快新型基础设施建设，强化培育数字核心产业，推动数字经济与实体经济深度融合。

(2) 加速发展“芯屏存端软智网”核心产业，积极推进中国“存储谷”建设。2021 年 9 月，四川在中国“存储谷”生态合作暨四川省存储产业创新发展峰会上宣布，将“立足四川，面向全国，服务全球”，加速发展“芯屏存端软智网”核心产业（集成电路+新型显示+存储+智能终端+软件与信息服务+人工智能+新一代信息网络），继续在提质、引强、补链、建圈等方面着力，为打造世界上最大“存储谷”，计划分三阶段建设中国“存储谷”。

2021 年，立足于当前拥有的技术和产业基础，积极推进四川品牌存储软硬件产业；积极组建具备研发—制造—销售能力的本土品牌企业；加快存储产业联盟打造，建设一批世界一流的新型数据中心样板项目，积极争取全国性存储产业落地。至 2023 年，争取建设四川存储完整产业链，进而带动上中下游产业落地四川。发挥四川省高科技制造业基础、科教及人才优势，联合省内高校突破存储关键技术，推进本土存储企业转型升级，进而实现软件与信息技术服务、人工智能、大数据等整体数据产业高质量发展。至 2025 年，建设涵盖存储上中下游产业链，进而引领存储产业标准、全球影响力存储产业基地。

（3）积极发展数字产品制造业和数字技术应用业，夯实数字经济核心产业。根据中央网信办发布的《数字中国发展报告（2020 年）》，四川省信息化总体发展水平位居全国第 9，网络信息安全、集成电路设计、大数据应用、电商交易、线上政务服务能力等跻身全国第一方阵，展现强劲发展势头。与此同时，据相关统计数据显示，2021 年四川省数字经济核心产业增加值为 4012.2 亿元，同比增长约 18%，高出该省 GDP 增速 9.8 个百分点，占该省地区生产总值（GDP）的比重为 7.5%，比 2020 年提高 0.7 个百分点。

从内部结构看，数字产品制造业和数字技术应用业是四川省数字经济核心产业的主体。2021 年四川数字经济核心产业增加值达 4012 亿元、增长 18%，认定了第一批省级数字化转型促进中心 12 家，建成 5G 基站 6.6 万个，培育省级工业互联网平台 36 个，推动上云企业 29 万家。其中，数字产品制造业和数字技术应用产业增加值分别为 1505.0 亿元和 2112.9 亿元，占全省数字经济核心产业增加值的比重分别为 37.5%和 52.7%；数字产品服务业和数字要素驱动产业增加值分别为 76.1 亿元和 318.2 亿元，占全省数字经济核心产业增加值的比重分别为 1.9%和 7.9%。数字技术应用产业发展最快，增加值现价增速达 30.8%。

实际上，四川省数字经济发展水平稳居西部首位，成都市在全国城市数字化排名中也名列前茅。也就是说，正因为四川数字经济拥有优良的资源禀赋、产业及发达的通信设施基础，加之成渝地区较为发达的工业和农业，旺盛的数字化转型需求均推动四川数字经济快速发展。

5.3.3 主要成效

在大数据行业、数字经济领域，由数据中心向算力中心转型，是未来成渝国家算力枢纽发展的一个未来方向。而在碳中和目标下的绿色低碳算力将是大数据产业、数字经济领域的未来发展趋势。

5.3.3.1 清洁能源保障绿色算力

作为“东数西算”工程的重要组成部分，四川省有着丰富的清洁能源保障、低成本电价支持和相对低的土地供应成本以及宜人的气候，将是西部发展数据中心、承接东部算力需求的有效支撑。四川省是清洁能源大省，其清洁能源装机和发电量比重分别为85.3%、86.6%，水电总装机8947万千瓦。目前，成都已规划建设川西水电特高压通道，数据中心的用能需求将得到进一步保障。

5.3.3.2 技术建设支撑绿色数字产业

通过人工智能、新材料等技术的研发和更新，数字产业将逐步高效化，进而实现绿色化发展。未来算力中心将不断向4个“零”的低碳目标靠近，即零排放、零损耗、零用水、零浪费，而其中所需要用到的绿色低碳技术则包括氢燃料电池、全变频氟泵等关键技术，而雅安目前的工业技术发展在一些领域是有优势的。

而在“东数西算”工程中，雅安市聚力打造成渝地区“四大中心”，即超大规模绿色数据中心、新型智能算力中心、数据创新应用中心、数据人才培训中心，进而着力做大做强数据存储、数据计算、数据交易、数据应用、智能制造和人才培训六大重点产业链。到2025年，雅安市努力实现全市数字经济规模超过500亿元，机架规模突破5万个，实现建设成为成渝地区大数据产业基地这一目标。

5.3.3.3 产业数字化促进碳减排

2021年9月7日，在首届中国数字碳中和高峰论坛上，四川官方表示四川省将着力推动产业数字化转型，抓好国家数字经济创新发展试验区建设，运用“互联网+”对传统产业进行全方位全链条的改造提升，持续降低碳排放强度。着力推动能源数字化转型，加快普及智能化用人监测和诊断技术，强化能源使用的精准调控，优化能源生产运输交易和消费环节的资源配置能力。着力推动市场数字化转型，充分运用大数据、云计算、区块链技术、赋能碳排放权交易市场，确保如期实现碳达峰碳中和目标。

5.3.4 存在的问题及障碍性因素

（1）缺乏数字化转型方法论与数字经济发展平台。对四川省制造型企业来说，数字化转型的需求亟须满足，关于需求方面不但表现在缺乏有效数据支撑，还表现在基础设施建设与专业人才不充足。面对数字化新产业，传统组织形式与企业文化构建均难以适应，更缺少数字化转型方法论指导①。与此同时，数字经济是建立在互联网基础上的一个新兴概念，偏消费端、数字经济治理体系缺乏、传统行业转型瓶颈明显等仍是四川核心产业集聚发展的主要问题。从实际情况来看，四川数字经济发展仍缺乏一个有力的平台作为支撑。

（2）数字经济技术创新基础薄弱，与实体经济融合发展能力有待加强。四川省信息产业整体盈利不高，大企业大集团较少，处在价值链的中低端，关键组件尚须从国外进口，核心技术和设备受制于人，长期存在“空心化、低端化”的问题。软件与信息服务业规模偏小，缺乏细分行业的数字化融合解决方案；服务产业集群和数字化融合的公共服务平台存在规模小、水平低等制约，进而对产业融合发展支撑尚显不够。加之人才结构不尽合理，高端和工程技术人才缺乏，进一步限制数字经济核心产业集群与实体经济融合发展等②。

5.3.5 未来发展方向及主要目标

四川省“十四五”规划提出，要推动经济社会数字化发展，建设数字四川。把数字牵引视作推动高质量发展的重要驱动力，着力在激活新要素、推进新治理、营造新生态等方面，加速推进经济社会各方面的数字化转型，积极落实网络强省、数字四川、智慧社会建设，建设成为西部领跑、全国领先的数字驱动发展高地。通过大力推进数字产业化、大力促进产业数字化、高水平建设国家数字经济创新发展试验区来实现数字经济增长极建设目标，该省数字经济产业发展规划及重点方向见表 5-6。

具体来看，《四川省“十四五”数字经济发展规划》明确提出，2025 年四川省数字经济总量要突破 3 万亿元大关、数字经济核心产业增加值占 GDP 要达到 10%比重，进而将四川建设成为具有全国影响力的数字经济科技创新中心和数字化转型赋能引领区。其中，涉及数字经济核心产业、产业数字化转型、数字化治理以及智慧社会建设等众多方面。

① 薛挺，胡霞．数字经济促进成都经济发展与转型的难点与对策［J］．山西农经，2020（20）：13-14.

② 徐爱华，刘雯，杨燕．四川省数字经济发展现状及建议［J］．决策咨询，2018（3）：1-4.

表 5-6 四川省数字经济产业发展规划及重点方向

目标	数字经济核心产业	产业数字化转型	推进数字化治理	智慧社会建设
2025 年，四川省数字经济总量超 3 万亿元，占 GDP 比重达到 43%；集成电路方面，着力形成“设计业引领、制造业提升、封装测试业支撑、材料业和装备业配套”的产业格局；存储方面，打造中国“存储谷”	做大做强大数据产业； 加快发展人工智能产业； 促进 5G 产业突破发展； 大力发展超高清视频产业； 巩固发展电子信息基础产业； 大力发展数字文创产业	创新发展工业互联网； 深入实施智能制造工程； 加快农业农村数字化进程； 推进服务业数字化升级	强化数字政府基础支撑能力； 提升政府数字化监管水平； 提高政府数字化服务水平	推进智慧教育； 发展智慧医疗； 发展智慧文旅； 发展智慧交通物流； 发展智慧金融

资料来源：四川省“十四五”数字经济发展规划。

5.4 本章小结

从总体来看，目前国内数字经济核心产业集聚区绿色化发展成效显著，其绿色化实现过程主要源于三方面力量。一是产业数字化发展的外部性效应。数字经济产业发展对传统产业进行了数字化赋能改造，在追求更高发展竞争力的过程中提高了产业发展效率、降低了产业能耗，带来了绿色化外部性效应。二是数字核心产业集聚区自然地理特征优势带来的绿色化。数据中心作为数字经济产业的重要组成部分，其耗能特征是产业发展的主要问题，而在我国数字经济发展布局中，呈现了“东数西算”的基本格局，西部地区利用自身温度、水电优势降低了产业能耗，实现了数字经济产业本身的绿色化发展。三是产业发展过程中人为干预的绿色化。贵州、四川在数字经济发展过程中，皆提出了绿色专项行动或绿色化发展指导意见，通过改进信息技术、合理产业布局、实施碳减排方案等措施稳步推进绿色化发展进程。

从长远来看，我国数字经济发展过程中，与绿色化发展的融合效应越来越明显，已逐步确立了基本方向，但具体发展成效还有待进一步检验。同时，如何缩小与发达国家在数字经济绿色化水平上的差距，仍是我们需要进一步探索求证的现实课题。

6 绿色发展视域下数字经济产业集聚的路径分析

本章基于国内数字经济产业集聚绿色化发展的典型案例剖析，从绿色发展视域下数字经济产业集聚动因、机遇与挑战，目标与模式，优化路径分析等几方面的阐述，以期强化对数字经济产业集聚绿色发展现实可行路径的认识。

6.1 绿色发展视域下数字经济产业集聚动因、机遇与挑战

本节先分别从规模效应、制度优化、能源利用、技术革新和产业结构五个方面阐述了绿色视域下数字经济产业集聚形成的动因，然后从国家战略、结构优化、技术创新和国际合作四个方面阐述了绿色视域下数字经济产业集聚的机遇所在。

6.1.1 绿色视域下数字经济产业集聚的动因

6.1.1.1 规模化绿色化发展是推动数字经济产业集聚高质量发展的重要力量

（1）规模化能够有效推动可持续发展。高质量发展需要做到可持续发展，其中最关键的便是绿色发展。数字经济和绿色发展相辅相成，而数字经济产业集聚后往往会产生更大规模化的产品生产和经营，这样就可以提高数字经济的资源配置能力，产生规模经济效应。举个例子，中新吉林食品区北方农业数字经济产业园项目就是数字经济产业集聚的规模化和绿色化发展的重要创新。通过合理配置各类生产要素，规模扩大的同时也实现了效应增进，进而提高资源利用效率、降低资源的浪费，有效推动可持续发展，不断推动产业的高质量发展，产业集聚十分必要。

（2）规模化能够提高环境承载力。无论哪个产业都面临着资源消耗和环境污染问题，还要考虑生产区域的环境承载力的限度，数字经济产业也不例

外。保护环境、提高资源利用率是高质量发展的必然要求。数字经济产业的集聚是产业与区域的有机结合，与孤立的企业的生产方式不同，它能够将有效资源充分利用，避免了因人力、财力、物力等方面的分配不合理造成的效率降低和资源浪费，是提高资源利用效率、减少环境污染的有效方式，也对整个区域环境系统维护其动态平衡和抗干扰能力具有促进作用。工信部出台的《新型数据中心发展三年行动计划》中明确指出：将推动绿色数据中心创建、运维，引导新型数据中心走高效、清洁、集约、循环的发展道路。这将有助于管控数字产业集聚区的环境污染问题，提升生态承载水平。因此，进行产业集聚、进行规模化生产对于提高环境承载力具有非常重要的意义。

（3）规模化能够协调外部经济和绿色发展。产业集聚是生产方式的一种转型与升级，这种地理位置上的集中不仅可以降低上下游企业的成本和交易费用，还带来了细化的产业链，促进行业在区域内的分工与合作，提高劳动生产率。这种外部经济效益在绿色发展视域下看就是降低资源的浪费和减少环境污染。数字经济产业集聚区的企业会相互借鉴、取长补短，例如计算机行业往往会引入绿色的制造和生产技术，例如石家庄化工园区数字经济产业园应用循环经济、生态工业、低碳发展模式等用来协调外部经济效益和绿色发展理念，达到高质量发展的要求和目标。

6.1.1.2 制度优化与完善是数字经济产业集聚绿色发展的重要保障

（1）国家在宏观层面进行区域协调与统筹。宏观层面的协调主要包括三个方面：一是地区统筹协调，国家制定多项政策，经过多次的产业转移与变迁，我国逐步形成环渤海、长三角、珠三角、中西部等数字经济产业园区，用来协调好区域生产与绿色发展之间的关系。二是政策监管与扶持，国家不仅对环境污染问题严重的聚集区进行整改，而且出台支持数字经济集聚发展的专项政策措施，对积极响应可持续发展战略的聚集区加以支持与补助。三是产生数字化绿色化示范效应，由政府在某地建立一个产业集群，采取工业数字化绿色化的方式规制和引导其他地区的产业集群发展，工业数字化绿色化程度的提高会产生示范效应，这种数字化和绿色化能够有效产生碳减排效果，进而在绿色环保的基础上实现降碳增效的目标。

（2）各省市在中观层面布局区域经济绿色协调发展。为了响应“十四五”规划提出的加快发展方式绿色转型、协同推进经济高质量发展和生态环境高水平保护的号召，各省市相继出台了关于数字经济产业集聚与绿色发展的相关政策、方案与布局。具有代表性的几个省市颁布的政策文件及其要点如表 6-1 所示。

表 6-1 代表性省市关于数字经济产业集聚与绿色化发展的相关政策

文件名	要点
《北京市关于加快建设全球数字经济标杆城市的实施方案》	集聚数字经济创新型企业，推动数字技术和绿色低碳技术在城市建筑、交通等各领域广泛融合应用
《重庆市数字经济“十四五”发展规划（2021—2025 年）》	打造千亿级数字经济核心产业集群，推动产业向高端化、绿色化、智能化、融合化方向发展
《黑龙江省“十四五”数字经济发展规划》	支持数字产业集聚建设，推动能源企业数字化转型升级，建设绿色智慧能源生产管理基地
《云南省数字经济发展三年行动方案（2022—2024 年）》	构建区域性大数据产业集聚区，建设绿色、低碳智算中心，促进数据中心集约化、规模化、绿色化发展
《湖北数字经济强省三年行动计划（2022—2024 年）》	打造具有全国影响力的特色数字产业集群，推动数字化、绿色化协同发展

资料来源：各省份人民政府官网。

（3）各企业在微观层面实现数字产业集聚赋能高质量发展。党的十八大以来，地方各省市完整、准确、全面贯彻新发展理念，加快推进产业数字化绿色化转型，不断推动产业集聚水平、改善区域资源禀赋，奋力推动发展由“量的积累”向“质的跃升”转变，数字赋能势头强劲。其中最为典型的例子就是济南市长清区“专精特新”数字经济高端制造集聚区，加快构筑集聚集群集约、高端高质高效、专业专注专长的数字化绿色化现代工业体系，始终坚持绿色发展理念，不断推进数字产业集聚区高质量发展。

6.1.1.3 能源消费调整和高效利用对数字经济产业集聚有着天然诉求

在中国“2030 年前碳达峰、2060 年前碳中和”战略目标背景下，碳排放成为各界关注的焦点，其中如何提升能源效率变得越发重要。

（1）限制高污染的能源供应，同时改善新能源在能源消费中的结构，是提高能源效率的关键路径。例如广西梧州循环数字经济产业集聚区实现了“废料入园—各企业分散加工—原料成品出园”的绿色经济封闭循环模式，把重金属废料变成了可再生资源。这一绿色的循环过程在园区内实现一种经济的良性绿色循环，真正做到了全产业链的生产效率的巨大提升，打造了绿色发展的新引擎和新动能。

（2）数字赋能产业转型和资源集约利用，促进“双碳”目标达成，是提升能源效率的直接举措。通过建立健全新型数字经济产业集聚区，可强化数字经济对能源效率的正向溢出，从而提高能源消耗总体效能。例如，山西数字经济集聚区引入欣悦誉能源、艾德泰科、晋通新能源等多元细分领域能源服务企业，丰富数字技术在能源领域的应用场景，全方位推动能源的数字化绿色化建设与集聚。

从以上两点可以看出，为了推动能源的消费调整和高效利用，应大力发展我国数字经济产业集聚。这种集聚能够对区域全要素能源效率产生巨大的影响，实现可持续发展、高质量发展。

6.1.1.4 绿色低碳技术加快变革为数字经济产业集聚提供关键助力

“十四五”是实现绿色低碳关键技术“卡脖子”难题的重要时期，要持续推进创新引领，加强技术研发与协同攻关，进一步健全绿色低碳科技创新体系，夯实科技创新基础。

（1）分类部署发展绿色低碳技术，带动产业优化升级。数字经济在零碳技术、低碳技术和负碳技术等方面都有着重要应用，例如能源绿色智能高效开发利用技术、能源大数据技术、资源配置人工智能技术等数字化绿色化的关键技术，带动传统能源产业优化升级。

（2）健全绿色低碳科技创新体系，支撑绿色低碳技术取得新突破。绿色数字经济产业集聚区往往是跨学科、跨领域的绿色低碳科技创新联合体，这种多方联合的优势往往体现在各方优势互补、完善协同创新机制，积极推进绿色低碳技术突破进程。

（3）推动新兴技术成熟进步，提高数字治理效率效能。数字化绿色化产业集聚在不同行业得以应用创新，如化工、交通、建筑、制造等。这些技术上的成熟进步包括流程的自动化、运营中的预测及检测维护，实现能源效率、治理效能的提升。技术创新有助于优化节能减排的生产工艺和技术，提高能源使用效率。

6.1.1.5 产业组织结构的绿色转型加速数字经济产业集聚进程

（1）要素集聚程度加深。在经济全球化和高质量发展的大背景下，包含劳动力、资本、技术、大数据在内的经济要素的集聚不仅能够提高生产效率，而且能够减少环境污染、提高能源利用率。数字经济是人类通过数据要素进行资源的优化配置，数字经济的空间集聚带来的要素集聚是推动产业结构绿色转型的强大动力。

（2）消费生产绿色化数字化革新加快。近几年来，数字经济不断渗透到政治、经济、文化、社会以及生态文明等方方面面，并与企业的生产活动和人们的日常生活深度融合，推动人们形成绿色低碳的可持续发展理念。而人们本身对低碳生活的向往、企业对环境污染问题重视程度的加深和对国家“双碳”目标的不懈追求，反过来推动了数字经济的集聚。例如，绿色能源物联网平台、节能产业建筑平台和绿色数字工业园区是数字经济产业集聚助力绿色低碳发展的重要体现。可以说，低碳环保理念的不断深入加快了数字经济产业组织结构的绿色转型。

（3）产业体系规制治理体系逐步完善。在“十四五”规划的宏伟蓝图下，无论是政府还是行业组织都更加重视绿色发展，因此出台和完善了一些有关数字经济绿色发展的规章制度。例如江苏省发布的《江苏省数字经济促进条例》中明确规定，“应当推动数字技术在政府治理中的创新应用，发挥数字化在政府生态环境保护等方面职能的支撑作用”。由此可见，规章制度的逐步完善促使产业结构绿色转型。

如图 6-1 所示，绿色视域下数字经济产业集聚的动因主要包含五个方面的内容。

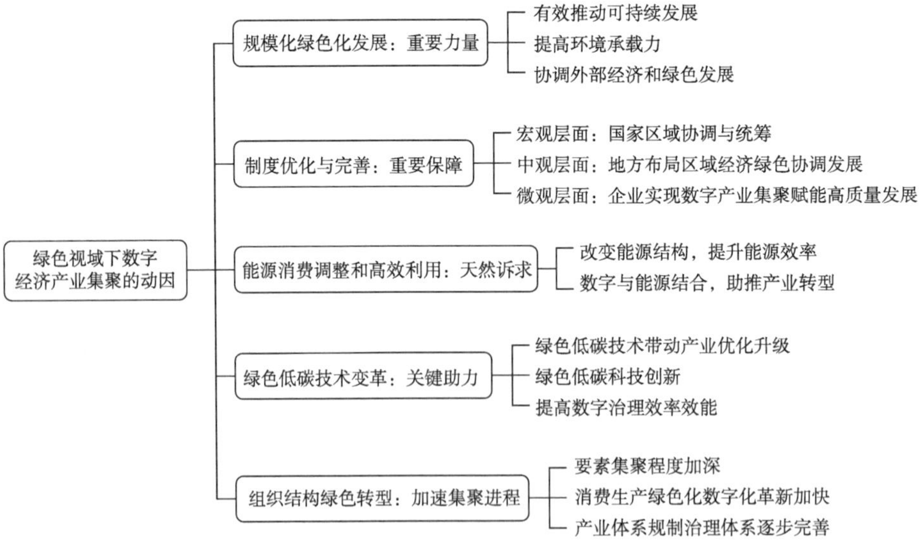

图 6-1 绿色视域下数字经济产业集聚的动因

6.1.2 绿色视域下数字经济产业集聚的机遇

6.1.2.1 绿色化数字化成为重要国家发展战略

数字化和绿色化发展是当今时代的重要主题，其中“数字中国”和“双碳”均成为国家战略。为落实上述发展目标，《“十四五”国家信息化规划》《中共中央　国务院关于完整准确全面贯彻新发展理念做好碳达峰碳中和工作的意见》等相关文件中都提及数字化与绿色化融合发展要求。促进数字化与绿色化协同发展是“十四五”乃至更长时期我国经济社会高质量发展的必由之路。据统计，从 2020 年 4 月至 2021 年 3 月，我国的二氧化碳排放量接近 120 亿吨，由图 6-2 也可以看出，我国由能源产生的二氧化碳排放量仍处于上升趋势，与其他国家相比二氧化碳排放量仍处于较高水平，这说明我国亟须通过产业集聚的绿色化数字化来进行降碳增效。2022 年 2 月，“东数西算”工程正式全面启动，在西部可再生能源丰富的地区设立算力枢纽，打造数据中心集群，促进数据中心产业集约化、规模化、绿色化发展，尽快降低数据中心耗电量和碳排放量，大力推进“双碳”战略进程。可见，数字经济的集群化和规模化成为国家“双碳”战略的重点安排，是推进第二个百年奋斗目标的必要举措。

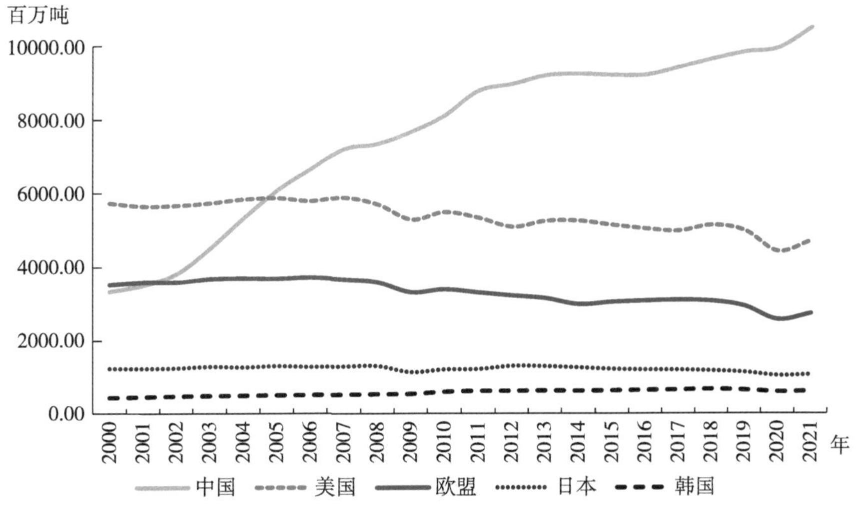

图 6-2　2000—2021 年能源产生的二氧化碳排放量

（资料来源：iFinD 金融数据终端）

6.1.2.2 结构优化成为数字经济产业集聚的重要目标

（1）产业结构优化转型。在行业数字化转型方面，数字经济碳减排效应主要体现在数字技术带来的能效提升，减少基础设备生产制造阶段与运营阶段的能源消耗和碳排放量。数字技术能推进不同领域的产业结构调优与智能化建设，并有利于通过上下游体系改造来减少能源等资源消耗。另外，当前我国已经进入服务经济时代，产业结构转型还有很重要的一个特点就是服务业比重上升。数字经济的产业集聚成为新时代下推动中国经济高质量发展的重要动力，数字经济的发展使物与物、人与物、人与人之间相互勾连，甚至可能实现万物互联，这从根本上改变了服务业结构和服务业的生产交易模式，改变以往传统服务业高成本、低效率，提高了服务业的生产率，同时也降低了碳排放量。

（2）能源消费结构改善。数字经济能够抑制能源消费总量增长，减少高碳能源使用，降低碳排放，从而促进能源消费结构绿色化。同时，数字产业集聚能激发创新活力，带来创新产品与技术的开发应用，尤其是有利于落后行业改进生产工艺，降低高污染、低效能的能源使用，促进产业链和能源消费结构提档升级。相关数据显示，自 2021 年以来数字技术与实体经济融合趋势加快，伴随着数字经济集聚区持续发展壮大，电力、天然气和其他一次能源消费稳步提升，石油、煤炭消费占比稳步走低。

6.1.2.3 技术创新成为数字经济产业集聚的不竭动力

数字经济通过推动技术进步提高城市技术创新能力，显著促进了城市绿色全要素生产率提升。在我国经济发展转型的关键阶段，应持续推进数字经济发展，完善数字经济发展环境，提高技术创新能力，并且各地数字经济产业集聚园区应实施差异化数字发展战略，因地制宜推动数字化和绿色化进程，促进经济高质量发展。在绿色环保观念不断深入、低碳意识不断深化的今天，数字经济发展在城市碳减排方面发挥着重要作用。

一方面，数字经济与企业、高等院校和科研院所的绿色技术创新不断融合发展，数字经济能够显著激励城市绿色技术创新水平的提升。《国务院关于数字经济发展情况的报告》指出，关键核心技术取得突破，产业创新活力不断提升，数字产业快速成长。人工智能、区块链、物联网等新兴领域形成一批自主底层软硬件平台和开源社区，关键产品技术创新能力大幅提升，初步形成规模化应用效应。截至 2021 年，我国工业互联网核心产业规模已经超过

1 万亿元，大数据产业规模达到 1.3 万亿元，并且是全球增速最快的云计算市场之一，自 2012 年以来年均增速超过 30%。由此可见，数字经济与绿色技术的不断融合，是创新水平不断进步的不竭动力。

另一方面，数字技术创新是解决环境污染问题的有效手段，绿色技术创新能够显著降低碳排放水平。例如，《京津冀蓝皮书：京津冀发展报告（2022）——数字经济助推区域协同发展》报告中提出，整个社会的数字化、信息化水平将不断提高，进而推动传统产业绿色低碳集聚，减少区域碳排放。又如，2020 年《指数气候行动路线图》报告中提到，能源、制造业、农业、土地、建筑、服务、交通和交通管理等行业部门的数字化系统解决方案，实现了 15%的碳排放降幅。可见，发挥数字经济在绿色领域的技术创新作用，是解决环境污染问题的有效手段。

6.1.2.4　国际合作空间进一步拓展成为数字经济产业集聚的重大机遇

在经济全球化的背景下，面对数字经济带来的巨大潜能，近年来各国逐渐加强数字经济方面的国际合作，数字经济国际合作是大势所趋。国务院印发的《“十四五”数字经济发展规划》中明确提到，“十四五”时期须大力拓展数字经济国际合作。数字经济海外园区的不断建立和绿色数字技术的广泛应用，大力推动了国际合作产业集聚区数字化发展。例如，深圳市龙华区数字经济（跨境电商）产业集聚区，打通跨境电商国际物流体系，以绿色数字技术为基石，持续提高物流科技的数字化绿色化应用能力，为中国出口和节能减排赋能。在顶层设计层面，我国加强推动“数字丝绸之路”“绿色数字一带一路”深入发展，统筹开展境外绿色数字基础设施合作，与五大发展理念中的绿色发展、“五位一体”总体布局中的生态文明建设，在理论与实践逻辑都是高度一致的，相互间是一脉相承的。同时，通过数字技术的深度应用和区域集聚，促进实体商品、服务以及数字化相关产品在全球各国之间高效交换，既能够推动贸易活动的多样化、自由化，又能显著降低资源不合理流动带来的过多碳排放量和环境污染。由此可见，数字经济带来的全球范围内的国际合作，对降低世界碳排放量、推进绿色发展国际合作起着重要作用。

如图 6-3 所示，绿色发展视域下数字经济产业集聚的机遇主要包含四个方面的内容。

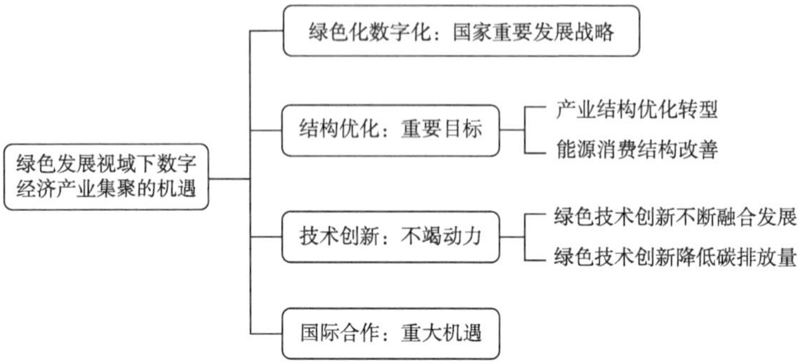

图 6-3 绿色发展视域下数字经济产业集聚的机遇

6.1.3 绿色发展视域下数字经济产业集聚面临的问题与挑战

本节从数字经济产业粗放式布局、关键绿色低碳数字技术面临“卡脖子”、我国数字经济发展不平衡导致能耗绿色转型不同步、国际冲突不确定性风险加剧四个方面来展开说明。

6.1.3.1 数字经济产业粗放式布局

按照我国“十四五”规划及经济稳步增长的总体要求，扎实推进数字经济与实体经济深度融合，加快实现数字经济产业空间集聚，不但是实现产业基础高级化与产业链现代化的关键举措，还是新时代新阶段经济实现绿色高质量发展的必由之路。当前在贯彻绿色发展理念中需要积极发展数字经济，数字经济反过来又会促进绿色发展目标的实现，最终有助于推动经济社会的高质量发展，两者内在目标一致，深度融合，相得益彰。目前，我国数字经济产业已经取得不小成就，为经济发展提供了重要推动力，但数字经济产业发展的深度与广度还不够，数字创新技术与不同行业领域融合速度和方式有着较大差别，其底层融合模式和路径亟待探究。数字经济产业集聚的发展也暴露出来了一些问题。

（1）企业数字化转型尚处于初级阶段。由于有些企业对融合发展与数字化转型存在认知偏差，较多表现在数字经济发展背景下简单应用数字技术，对数据挖掘和利用跟不上数据爆发式增长态势，忽视数据作为新型生产要素的价值，缺乏对数字化渗透绿色生产底层逻辑的了解，而不能满足企业低碳化绿色运营需求，导致企业在数字经济中的附加值低，远远没有发掘出数字经济产业集聚的真正价值。

（2）数字经济产业粗放式经营屡见不鲜。数字经济产业中集聚低端内卷，对环境不友好的问题时有发生。例如电商作为数字经济产业中极其重要的成员之一，竞争一直相当激烈。尤其是疫情防控期间的社区团购，各大电商烧钱补贴打价格战，以其低廉的价格获得了一大批客户，但是由于团购的商品质量不过关，再加上产品多是以生鲜类为主，不易储藏，最后只能形成一堆垃圾。这就不符合数字化和绿色化协同发展的内在需求，更不利于数字经济产业集聚生态环境效应的显现。

（3）数字经济盲动式发展对生态环境带来负面效果。数字经济有着两大特征：一是数字经济基础产品已渗透到各领域日常活动中；二是数字经济生产数据以海量形式增长。基于上述特性，数字经济增长涉及稀有金属大量开采使用及废弃物回收利用，还涉及大量数据中心建设及电力消耗。事实上，冒进发展数字经济可能诱发稀土元素不合理的开采和提取导致的环境问题。此外，据统计，目前数据中心的用电量占全球总用电量的1%～2%，而2021年我国数据中心整体用电量达到2166亿千瓦时，约占全社会用电量的2.6%，显著高于全球数据中心耗电占比。因为中国当前煤电比例较高，为此大量电力消耗即意味着煤炭大量开采和运输等，这也易引起生态环保问题。数字化助力绿色化大有可为，但同样不要忽视数字化发展本身也是能源消耗大户。

6.1.3.2 关键绿色低碳数字技术面临“卡脖子”

《“十四五”国家信息化规划》中强调要“深入推进绿色智慧生态文明建设，推动数字化绿色化协同发展”。在世界各国经济竞争日趋激烈的现实背景下，全球产业链也表现为数字化、绿色化相融合的新趋势，而绿色低碳数字技术自然也就成为重中之重。近年来，随着数字经济与实体经济融合程度的加深，我国在数字化、低碳绿色化和新兴技术与低碳绿色产业深度融合等领域的应用不断加快，技术水平持续突破和提升，但在发展的过程中以下堵点尚待突破。

（1）部分绿色低碳关键领域核心技术应用与发达国家相比差距较大。如在“5G+工业互联网”融合绿色化发展尚处于发展初期，对低碳和数字经济产业集聚等领域自主创新亟待加强，尤其是对与数字经济产业有关的芯片、传感器、元件控制器等核心设备储备和利用等对外依赖程度高，缺乏自主创新能力。2021—2022年世界数字竞争力排名变化情况见表6-2，这些对于产业数字化绿色化创新发展都极为关键。

表 6-2 2021—2022 年世界数字竞争力排名变化情况

国家或地区	2021 年	2022 年	排名变化	
丹麦	4	1	3	↑
美国	1	2	-1	↓
瑞典	3	3	-	-
新加坡	5	4	1	↑
瑞士	6	5	1	↑
荷兰	7	6	1	↑
芬兰	11	7	4	↑
韩国	12	8	4	↑
中国香港	2	9	-7	↓
加拿大	13	10	3	↑
中国台湾	8	11	-3	↓
挪威	9	12	-3	↓
阿联酋	10	13	-3	↓
澳大利亚	20	14	6	↑
以色列	17	15	2	↑
英国	14	16	-2	↓
中国	15	17	-2	↓

注：根据瑞士洛桑国际管理发展学院（IMD）发布的报告整理。

（2）以美为首的西方国家在诸多高科技领域对中国“卡脖子”。西方部分国家动辄实施的科技打压和技术封锁，使我国自主创新能力不足、关键核心技术受制于人的问题进一步显现。而作为热门的低碳绿色数字技术同样面临“卡脖子”的难题，如传统产业“双碳”转型对国外数字技术依赖性较强；在能源互联网等数字减碳前沿领域，创新力度不够；在基础技术方面水平较低，集成电路技术威胁显著，“缺芯”问题仍然严峻等。

（3）缺乏低碳绿色数字技术人才。随着生态文明建设和“十四五”数字经济发展规划的进行，社会对兼具数字技术与绿色低碳专业知识的跨界融合型人才需求量较大。从目前相关人才结构来说，产品研发和生产经营类人才较多，但兼有数字技术、绿色经济和公共政策背景的人才短缺，跨界复合型人才储备不足仍然是制约我国数字经济产业集聚绿色低碳发展的重要因素。

6.1.3.3 我国数字经济发展不平衡导致能耗绿色转型不同步

我国数字经济正处于快速发展期，表现出融合的环境支撑稳步向好、产业数字化和数字产业化持续拓展、消费互联网转型与产业互联网升级协同发展以及新模式新业态不断提升等态势。与此同时，也存在融合发展不充分不平衡的现实困境，这种发展的偏离会一定程度上拖累我国数字经济绿色化的步伐。

（1）我国数字经济产业集聚在地域上呈现不平衡状态。在数字基础设施、数字化内需、数字科技创新与人才水平等数字经济聚焦的关键支撑方面，东部、中部、西部不同区域、同一地区不同省份及相同省份城乡间均有着较大差距。其中中西部等欠发达省份，在5G、宽带网络、互联网服务平台等数字基础设施发展上远落后于发达省份。在地域上，西部地区可再生能源富集、气候适宜，发展绿色数据中心潜力较大，但存在带宽小、数据跨省传输费用高等现实短板，使其无法及时有效地满足东部地区需求，而东部地区的数字基建带来了高增长电力需求和高能耗指标的矛盾。中国数字经济产业大多集聚在东部区域，高排放、高污染的情况严重，但与西部区域不能很好地联动，导致能耗绿色转型困难。

（2）我国数字经济发展在产业渗透上呈现不平衡状态。应用场景的相对单一和数字技术的供给不匹配放慢了我国第一、二产业的脱碳零碳技术迭代步伐，中国信息通信研究院有关报告表明，2020年我国产业数字化方面，其中第一产业、第二产业和第三产业数字经济渗透率依次为8.9%、21.0%和40.7%，见图6-4。很明显，较第三产业来说，数字经济与第一、二产业融合提升空间仍较大，第一、二产业结合数字经济的碳减排潜力远大于服务业，这些都说明我国“双碳”数字发展还不协调匹配。此外，数字经济领域中的ICT产业是能源密集型行业，其中行业相关设备生产、使用有着大量能源需求，且ICT技术为传统产业升级和居民数字消费带来便利之时更会导致各主体对更高性能ICT产品的期待，从而进一步增大数字经济产业集聚碳排放和环境污染程度。

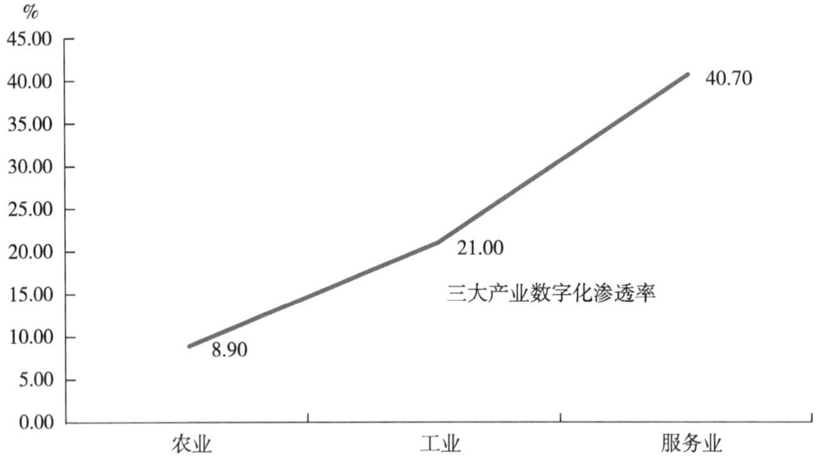

图 6-4　三大产业数字化渗透率情况

（3）我国数字经济发展模式不平衡。现有数字经济发展模式仍然局限于"产业末端模式创新"，在加工原材料以及制造成品上下功夫，注重资源信息的获取和掠夺开采，而对能够实现能源节约技术的以"研发和生产端"为主要领域的数字经济模式则进展缓慢，这样畸形的发展结构不利于我国数字经济产业集聚能耗绿色转型。

6.1.3.4　国际冲突不确定性风险加剧

毫无疑问，当今世界的发展不再拘泥于一个国家或者一个区域，随着科技的发展和经济全球化的加快，各国之间的联系逐渐加深，利益相关度也越来越高。但是各国之间的利益还具有对立的一面，虽然世界各国之间合作愈加频繁，纷争却不会完全结束。

（1）数字化绿色化可能加剧国际风险。新一轮科技革命正推动国际政治和经济加速转变，数字经济与绿色低碳关键核心技术领域是各国角力的重要方面。大国竞争背景下数据权属与民族主义的交织催生了数字民族主义，各大国在数据资源权属方面展开激烈碰撞，地缘政治环境和政府规制正构筑数字经济发展宏观生态，可能出现的数字"失序"甚至数字"冷战"应引起重视。与此同时，美国力推"绿色新政"，未来极可能以设置绿色投资和贸易壁垒等方式，或类似"制裁"手段，增加中美绿色低碳产业竞争的风险。此外，自 2021 年以来发生的国际能源危机，引发国际社会对绿色转型风险及其影响的新一轮讨论。为此，虽然全球数字技术的竞争能够促进数字经济产业集聚绿色发展，但大国之间的合作不信任也会阻碍数字经济绿色化低碳化。

（2）逆全球化浪潮加剧数字经济绿色低碳国际合作的难度。自2017年以来，美国政府基于美国第一、美国优先战略，在国内推行狭隘的经济民族主义，针对外部倡导贸易保护主义，是逆全球化的典型代表。一方面，向特定国家或产品设置很高的贸易壁垒；另一方面，从一系列国际协定中退出，如《跨太平洋伙伴关系协定》《巴黎协定》等。其中该国退出《巴黎协定》，意味着其气候政策面临更多不确定因素的制约，进而增大碳排放减量和温控目标实现难度，影响各国应对全球气候变化的共同努力，为此未来全球气候治理可能将面临诸多挑战。虽然拜登政府又重新加入《巴黎协定》，但多次挥霍自己的国际信用，会直接影响和动摇一些国家发展低碳数字经济的信心，不利于低碳数字经济的发展。

（3）自然灾害和突发事件的随机发生会加剧世界的不稳定。现在的世界是一个有机整体，没有哪个国家能够置身事外。当自然灾害和突发恶性事件发生时，每个国家或多或少都会受到影响。例如俄乌冲突发生后，不仅仅对两国产生巨大影响，还导致世界能源短缺、价格大幅上涨以及影响世界粮食供应。它们会加剧国际形势，阻碍国际间的交流，延缓低碳数字经济的发展。

6.2 绿色发展视域下数字经济产业集聚目标与模式

6.2.1 绿色发展视域下数字经济产业集聚的使命与目标

大力发展绿色数字经济产业集聚，应立足当下发力稳经济，助推绿色数字经济高质量发展；努力达到绿色低碳标准，促进生态建设可持续发展；从社会高度出发，将共商共建共享全球治理观念与绿色数字经济融合，把握新一轮科技革命和产业变革的重要机遇。同时，也要做到加快推动绿色数字产业化，促进绿色数字技术与实体经济深度融合，开辟经济发展新天地，为推动绿色数字经济高质量发展注入源源不竭的强劲动能。

6.2.1.1 数字经济产业集聚助力经济目标取得积极进展

绿色数字经济产业集聚下的经济目标是助推绿色数字经济高质量发展。绿色低碳转型是一场广泛而深刻的经济社会系统性变革，其必然会对我国就业效应、收入效应以及贸易创造效应方面产生重要影响。

数字化产业集聚及绿色发展能够促进就业效应提升。飞速发展的数字经济推动生产、生活及治理方式变革，更催生出更多的新业态和新职业，也就是说飞速发展的绿色数字产业对人才的需求越来越旺盛。例如，2021 年伴生链科技产业有限公司绿色数字经济产业创新基地项目筹备落地南京，并计划 3 年内在绿色科技创新、产业投资方面投入 5 亿元以上。截至目前，该城市已备案硅巷载体面积 124 万平方米，绿色高新技术企业 173 家在此集聚，近 1300 家科技型企业得到培育引进，从而创设了数以万计的职位，极大地缓解了南京市的就业压力。从这一举措中我们也可以看出，国家在大力推动绿色数字经济产业集聚发展的过程中，势必存在大量就业机会，极大地缓解了我国目前的就业压力。

数字化产业集聚及绿色发展对于由数字鸿沟产生的收入差距具有抑制作用。数字鸿沟会产生一种新的贫困，即“信息贫困”，为此会进一步加剧收入分配不公、就业和发展机会不充分的问题，增大贫富差距，进而可能影响到社会安全稳定。而数字经济能够通过规模集聚、建立产业园区等方式有效地提升收入效应。以赣州市南康区龙岭镇龙岭村为例，该“淘宝村”由当地政府牵头建平台找货源，对接服务商扩渠道等，吸引企业家投资。每晚电商基地的各大平台 ID 都会开启直播带货，不仅推动了企业增收，也使村民的收入水平得到了良好的改善。该村抢占数字乡村建设发展风口，探索电商新模式，以数字经济集聚发展赋能，提高乡村居民收入。数字互联网平台的发展也进一步实现了将龙岭村原有的实体工业规模逐渐削弱并向数字经济发展，从源头做到节能减排、环境保护、绿色生产。目前，该村电商总交易额突破 5 亿元，实现了从全国淘宝村到“亿元淘宝村”的跨越。可见，数字化产业在乡村的集聚能够缓解由数字鸿沟带来的贫富差距加剧现象。

数字化产业集聚及绿色发展将会推动进出口贸易的持续增长。百年未有之大变局叠加疫情，世界经济复苏基础还不稳固，国际贸易合作面临新的挑战。不确定的外部环境因素给传统经济造成无法预见的波动，推动传统经济模式加快实现绿色数字化经济转型，国际经济发展与合作也呈现出低碳数字化发展倾向。如 2022 国际投资论坛与会代表形成如下共识：今后一定时期经济格局和产业变革尚存在诸多不可控因素，但数字科技、绿色产业的动态演进方向是确定的。包括厄瓜多尔等国家希望与中国在绿色产业和包括电子商务、互联网等数字经济领域开展国际合作和新型投资。有数据显示，2020 年全球电子商务在线零售额占全球零售额的比重已达到 19%；全球数字服务出口占服务出口总额的比重由 2015 年的 50. 3%上升到 2020 年的 63. 6%。因此说，绿色数字产业是未来产业。绿色数字投资正在成为全球重要的贸易理念。数字经济及绿色发展在国际贸易之间扮演着越来越重要的角色。

6.2.1.2　数字经济产业集聚促进生态建设可持续推进

促进可持续绿色低碳转型是绿色数字经济产业集聚下的重要目标。自改革开放以来，中国仅用30多年的时间便创造了经济体量跃居世界第二的发展奇迹。然而在这个过程中，“高投资、高能耗、高排放”的发展特征使中国能源消耗、生态环境恶化与经济发展之间的矛盾日益尖锐，制约中国经济的高质量发展。绿色发展视域下数字经济产业集聚的生态建设可以从全局角度、区域协调发展角度以及企业层面三方面进行分析。

（1）从全局、长期和战略高度来看，数字经济集聚和绿色经济是相辅相成的。数字化产业集聚发展与绿色可持续发展并非背向而行，而是相生相伴、相互渗透。数字经济产业集聚与绿色发展，通过有机融合形成合力，以“数字化集聚转型”和“绿色转型”整体驱动生产生活和治理方式革新，进而实现“数字与绿色共舞，经济与社会齐进”的数字经济集聚绿色发展新格局，以此推动绿色低碳转型和高质量发展。习近平总书记在中央政治局第三十六次集体学习时强调，“推动互联网、大数据、人工智能、5G等新兴技术与绿色低碳产业深度融合，建设绿色制造体系和服务体系，提高绿色低碳产业在经济总量中的比重”。我国在《“十四五”国家信息化规划》文件中也曾特别强调“深入推进绿色智慧生态文明建设，推动数字化绿色化协同发展”。

（2）从区域生态协调发展角度来看，绿色数字经济对于区域发展的影响力不断增强。数字经济集聚能够为经济欠发达地区带来显著的经济增长效应，对于我国区域经济协调发展具有重要意义。各地区绿色数字经济发展基础设施、市场环境及产业基础差异较大，为此各地绿色数字经济集聚水平也存在差异。沿海发达地区借助较强的数字技术创新和应用水平、较成熟的数字产业等先发优势加快产业要素集聚，同时发达地区绿色基础设施也较为健全，实现数字经济产业集聚的绿色化基础良好；中部省份自然要素较充裕，然而数字基础设施并不完备，绿色数字技术创新和应用水平还有较大潜力可挖。数字经济的绿色化是生态文明建设的题中应有之义，是有着明确前景的优先发展领域。中国在这方面潜力很大，可形成很多新增长点。近年来，蓬勃兴起的数字经济，为我们推动数字科技同绿色化深入协同发展提供了新的契机和重要增长点。

（3）从企业层面落实节能减排是实现数字经济绿色转型的有效前提。技术创新、结构革新是企业实现节能减排的重要方式。数字经济产业中的5G、人工智能、大数据等核心技术，在节能减排领域能发挥监测、预测、减排等关键作用，是数字经济产业集聚绿色发展目标实现的关键助力。以天津钢铁产业集聚区为例，其把制造钢铁的整个工艺先数据化，再根据这些数据去做优化，使得工序变短，且实现数字化转型和智能制造，从而降低能耗。该产业园区同时也拥有产业数字化的现象，比如“5G+”数字化工厂、“智慧大脑”一期工程、三条铁路运输专线及封闭式站台建设、高炉低碳节能改造及电炉“长改短”等节能项目的顺利推进。这既成为当地实现“双碳”目标的基础，也为相关绿色数字技术提供了广泛的应用场景。不难看出，节能减排作为数字经济集聚及绿色发展的重要目标，我国正大力推动从企业层面落实相关手段的展开。

6.2.1.3 数字经济产业集聚赋能社会发展得到全面促进

当前，绿色数字技术创新步伐加快，日渐嵌入经济社会发展的方方面面，数字经济及绿色经济已是重组国际要素资源、重塑世界经济结构、调整全球竞争格局的重要驱动力。而我国坚持的共商共建共享全球治理观、积极倡导的合作共赢理念，正在逐步推动新时代数字经济绿色发展。

多元主体共商数字经济产业集聚发展。发展数字经济是国家战略，作为继农业经济、工业经济之后的主要经济形态，实现数字经济赋能绿色发展是把握机遇、赢得未来的战略选择，是推动高质量发展的新引擎、新赛道，为此，把握绿色数字经济发展先机就能抢占未来发展的制高点。近年来，北京市朝阳区也在持续加快绿色数字经济规划建设脚步，在人工智能、工业互联网、低碳环保等绿色数字经济细分领域，初步形成了绿色数字产业集聚发展态势，构筑数字经济赋能绿色发展高地。

通过参与园区共建以实现数字经济产业集聚的绿色化。为贯彻落实中央关于数字经济发展的决策部署，共同推动深化发展和改革，强力推动数字经济发展、营商环境提升，各地陆续开启产业园区的建设脚步。各大新经济产业园区将着力于软件与信息服务、信息安全和数据服务、物联网、数字文创、数字健康、智慧能源等绿色数字经济赛道，通过优化招商引资政策，进一步完善园区配套功能。以江西省为例，选取几个具有代表性数字化产业园区及其相关内容，如表6-3所示。

表 6-3 江西省建立数字化产业园区的相关内容

产业园区名称	主要赛道	下步计划
南昌高新区新经济产业园	信息安全、流量经济	(1) 多措并举，做精做细企业服务工作；(2) 提质升级，稳步推进绿色园区建设，发展壮大绿色数字经济特色产业园；(3) 加快凸显集聚区集聚向心力
京东（新余）数字经济产业园	电子商务	(1) 优化推进产业聚集，打造绿色数字产业园；(2) 以活动创新为当地电商产业发展提供持续助力；(3) 加速培育、扶持入园电商企业的迅速发展
宜春市大数据产业园	大数据及数字文创	(1) 把智慧绿色能源作为宜春发展数字经济主攻方向；(2) 在园区内建设相关配套设施，提升园区智能化管理和精细化服务水平
上饶高铁经济试验区数字文娱小镇	数字文创	(1) 加强创新平台建设，聚焦绿色领域，布局建设 1~2 家高水平重点实验室；(2) 着力完善产业生态化，建立版权保护机制以及持续优化生态环境
共青城数字经济产业园	平台经济	(1) 实现园区企业数量大幅增长，积极培育平台经济领域省级重点上市后备企业；(2) 实现主营业务收入显著提升，通过培育市场主体、落地重大项目、优化发展环境，引导聚集区企业集聚发展；(3) 实现公共服务配套设施更加完善，一体化、智能化、绿色化的数据中心集群初步建成，智慧型绿色数字经济产业园基本成型

资料来源：江西省发展和改革委员会官网。

绿色数字化产业集聚绿色发展成果实现全民共享。数字化产业集聚能够为教育、医疗、社保及其他民生类的项目注入新动能。在河北省石家庄举办的 2021 中国国际数字经济博览会上为我们带来了产业园区产品集合的 5G 智慧展台，包含可代替护士实现全自动无人值守进行静脉血采集工作的静脉智能穿刺采血机器人、能够实时监测驾驶员的生命体征和健康状况的智能驾驶舱等。这些都表明了数字化产业园区的建立可以提高社会福利，促进全民共享普惠，进而实现共同富裕。“十四五”规划时期，随着新一轮科技革命和产业变革向纵深推进，数字经济与绿色经济已是各国参与国际竞争的焦点任务，中国数字经济的绿色化发展也逐步向新阶段调整，绿色数字经济在培育发展新动能、促进普惠共享方面大有可为。普惠共享是共同富裕的必由之路，而绿色数字化产业集聚将会为社会百姓带来福利，促进普惠共享。因此，在绿色发展视域下，数字经济产业集聚的发展对我国达到全民共享、实现共同富裕、完成百年奋斗目标起着举足轻重的作用。

6.2.2 绿色发展视域下数字经济产业集聚可行模式与类型分析

产业集聚作为全球数字经济产业发展重要趋势，既涉及数字经济产业转移和优质资源集中的内容，又涉及数字经济产业结构升级、效应溢出与功能调整的内容。下文主要从专业化产业集聚模式、多样化产业集聚模式、政府主导型产业集聚模式和市场主导型产业集聚模式这四种数字经济产业集聚模式来阐述，在绿色发展视域下，集聚模式如何影响数字经济产业，以及如何推动数字经济产业低能耗、低资源、低污染化发展。

6.2.2.1 专业化产业集聚模式

专业化产业集聚模式是一些单一类型的数字经济产业在同一区域内集中，这种集聚分布会产生专业化集聚外部性，也就是所谓的知识和技术的溢出效应。专业化产业集聚所产生的规模效应，使相同或相似的数字经济企业可以通过相互学习促进行业内知识外溢，共享数字资源与劳动力投入所带来的成果。同时，专业化分工协作以及劳动技能的溢出等方式还会提高劳动力市场的资源配置效率和能源利用效率，并且数字经济企业也能够运用数字技术和节能设备优化能源消费结构。在专业化集聚模式下，数字经济产业间的精细化分工协作减少了原材料浪费，提高了资源利用效率，减少了环境污染。在数字经济产业集聚区内，废弃物污染防治与循环利用成为可能，规模化治污将会显著降低相关企业成本，且数字经济企业在污染处理的数字技术和基础设施等方面互利共赢，也会带来数字经济发展与污染规范治理的双重规模效应。此外，专业化产业集聚会强化数字经济企业的竞争意识，推动行业内数字技术进步、信息和知识外溢，巩固集聚区内主导产业的比较优势。不仅如此，竞争的制衡作用也会促进数字经济企业自觉履行环境保护等社会责任，推动数字经济集聚区“绿色化”发展。

例如，北京中关村大数据产业园已经通过建设专业化集聚区、整合相关数字资源，形成数字经济产业上下游联动，构建了完善大数据产业链，覆盖大数据全产业链各环节。在数据来源以及数据集采、处置、分析、应用等产业链的不同方面，都有数字经济企业在从事数据研发和市场开拓，进而新的数字技术不断涌现。中关村大数据产业园总占地面积 2.6 平方千米，总建筑规模 310 万平方米，2021 年集聚区企业总产值达 4295 亿元，每平方千米产值达 1652 亿元。目前，集聚区内汇集了一批工业互联网领军企业，如瑞斯康达、国电南瑞、汉王、华米、北京君正、腾讯、百度、浪潮、联想、中科曙光等28家互联网企业，形成了专业化程度较高且层次分明的工业互联网产业集群，全力推动数字经济集聚区专业化发展，这些同类企业间的数字技术合作不仅降低了交易成本、减少资源错配，基于共享机制又降低了企业生产、信息搜寻和污染排放治理等一系列成本，在一定程度上也节约了资源，减少了浪费，实现了资源的循环利用。物联网方面的专业化人才在此处汇集，又有利于数字技术和绿色技术的提升，进而提高集聚区绿色发展水平，代表性物联网企业见表6-4。然而，同专业化集聚导致创新动力不足相比较，货币外部性产生的资源节约会被弱化。另外，若单一数字经济集聚区没有有效引导与管理，同质化集聚现象将加剧，进而形成恶性竞争，反而影响聚集区绿色经济效率提升。

表6-4　产业链中代表性物联网企业概况

物联网企业	概况
瑞斯康达、国电南瑞	积极布局电力物联网
汉王、华米	在智能家居领域处于领先地位
北京君正	在物联网芯片领域独居优势
腾讯	积极布局物联网操作系统
百度、浪潮	拥有国内领先的物联网和工业互联网平台

6.2.2.2　多样化产业集聚模式

多样化产业集聚模式是指不同类型的数字经济产业在某一地区的集聚分布。数字经济集聚区内，不同行业领域进行知识溢出、互补和交换，并形成新知识，进而构成知识“蓄水池”。同时，数字经济聚集区内，拥有不同专业技能的劳动者还能构成多元化的劳动力“蓄水池”。进而多元化知识“蓄水池”和劳动力“蓄水池”一起为数字经济产业集聚的“技术池”中融入新的数字技术，极大地激发了绿色技术创新，而数字技术进步又可以驱动企业实现清洁生产，提高能源效率，优化能源结构，助力可再生能源发电技术取得关键性突破，从根本上减少碳排放，最终实现节能减排效应，降低生态环境压力。在多样化集聚模式下，不同技能的劳动力和各类数字经济企业大量集聚，不仅提高了劳动生产率，还方便企业灵活选择与其减排技术相匹配的劳动力和中间投入品，提高自身的减排技术水平，进而推进数字经济和绿色经济协同融合发展。数字经济产业多样化集聚实现知识、数据和人才等创新要素的流动和集中，促进了知识、数据信息的交流以及技术的转移和合作，提高了人员数字素养和技能，各行专业人才聚集，推动绿色低碳创新，进一步加速了绿色技术的扩散及绿色创新成果的共享。同时，高技能人才大量增加，有效降低了产品的返工率和报废率，减少生产过程中的资源能源损耗。

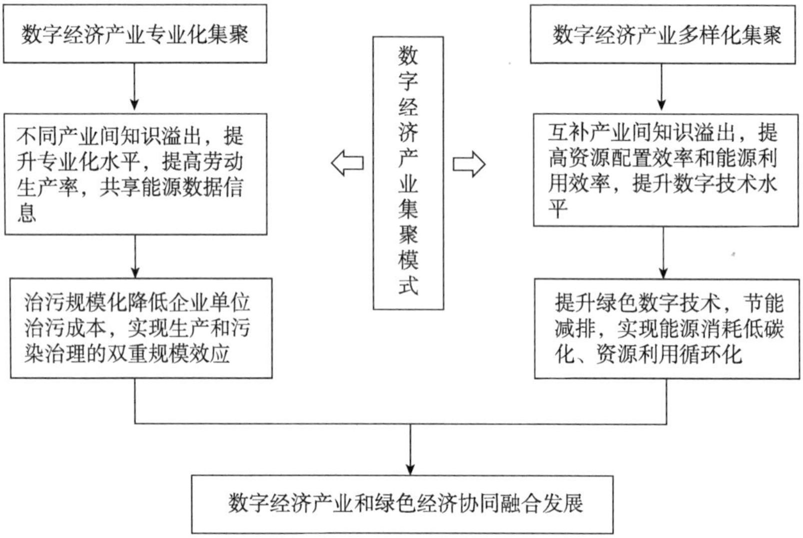

图 6-5　绿色发展视域下数字经济产业的专业化集聚模式和多样化集聚模式

义乌陆港电商小镇作为一个数字经济产业的多样化集聚区，以集聚数字经济产业核心要素为切入点，通过整合电子商务产业链，引入一批优秀的数字经济企业，吸引各路类型大咖企业，形成集网贸中心、孵化服务、总部经济、金融服务为一体的电商上、下游企业 200 多家。义乌陆港电商小镇企业入驻率达 95%以上，年销售额超过亿元的企业有 28 家、超过 5000 万元的企业有 57 家。数字经济多样化集聚加快了义乌及周边地区产业数字化转型，通过打造义乌电商产业特色小镇，空间邻近强化了当地数字经济企业间集中和关联，技术、设备和研究人员等投入可实现充分流动，从而数字经济相关企业分工合作得以深化，助力集聚区内企业平均生产成本降低，实现大数据信息的共享、传递、整合及处理，减少了数据信息和运输成本，也实现了资源的循环利用，使绿色发展效率得以改善和提高，进一步推动义乌数字经济高质量发展。同样，由于数字经济产业多样化集聚效应，吸引了更多优秀活跃的商家落户数字经济集聚区。从资源循环的视域来看，数字经济集聚区内产业多元化加快循环经济体系构建，实现能源节约利用和污染排放减少的多重目标。

6.2.2.3 政府主导型产业集聚模式

政府主导的数字经济产业集聚模式通常是政府战略规划的结果，表现为“自上而下”的人为培育而成的产业集聚形态。这种集聚模式一般适用于数字经济发展历史不长，市场机制还不够完善、自发作用薄弱地区，产业集聚的成长、演化多依靠政府支持来实现。政府主导产业集聚模式强调以政府配置作为数字经济资源配置的主要方式：一方面，政府推进能源设备节能改造和更替，以实现集聚区源头改造，促进循环生产。另一方面，通过补链、延链等途径构建绿色产业链，推动数字经济产业废弃资源、能源和副产品的梯级循环利用；建设数据能耗管理系统，对数字经济产业集聚区能耗情况进行分析、预警和监管；升级污染物回收、处理、再利用基础设施，以进行末端治理，减少生产废物，实现数字经济集聚区绿色化改造。不仅如此，政府还可以通过环保执法监督、节能监察、清洁生产审核和生产者责任延伸等方式，进一步推动数字经济集聚区清洁生产和资源循环。

我国的数字经济产业集聚区几乎都由政府发挥主导作用。例如，贵安新区电子信息产业园是贵安新区发展数字经济的重要集聚区，发展以大数据为重点的新一代电子信息产业技术。在集聚过程中，当地政府积极推动数字经济产业的总体发展规划的深入实施，通过积极争取国家财政资金和设置产业发展基金，引导和鼓励金融机构加大信贷投入，支持和鼓励集聚区内数字经济企业绿色发展。不仅如此，《贵安新区绿色数据中心规划建设指南（试行)》还为数字经济产业发展提出高标准的绿色、安全、节能建设要求。在绿色发展目标下，政府在数字经济集聚区内统筹规划电力、给排水管、污水处理厂、燃气站、市政道路、公共交通等配套设施，充分利用太阳能、风能、生物质能等多种新能源，同时探索绿氢等电站配套建设，并预留传统供电模式与未来绿色能源模式的转换接口，为数字经济数据中心新能源利用留足通道。同时，政府还增加数据中心电能、用水管理监控功能，合理设置监测点，实现精细化管理，提高节能措施，积极落实碳中和、碳排放相关要求，坚持生态优先、绿色低碳发展路径，促进资源能源高效节约利用，助力贵安新区电子信息产业园建设成为绿色低碳的数字经济产业集聚区。

6.2.2.4 市场主导型产业集聚模式

市场主导型产业集聚模式以市场机制和市场力量为先导，表现为“自下而上”的发展特点。市场主导型产业集聚模式多产生于市场经济发达、市场机制完善的地区，这些区域数字经济产业集聚的形成及演化更多依赖市场与产业互动的方式来完成，是一个相对自由竞争的自发过程，政府的调节作用主要表现在集群出现后的事后调节方面。这类数字经济产业集聚区的出现，大都是数字经济企业出于自身发展的需要，以及高投资高能耗高排放、数据交易流通障碍等问题增加了企业生产成本，给企业带来巨大压力。于是，在市场规律的引导下，数字经济企业根据发展的需要自发地向某个区域集聚，实现数字连通、数字共享、产业数字化和数字产业化，通过建立清洁的生产代谢链条，促进能源和资源的循环利用，并从知识交换中获益。

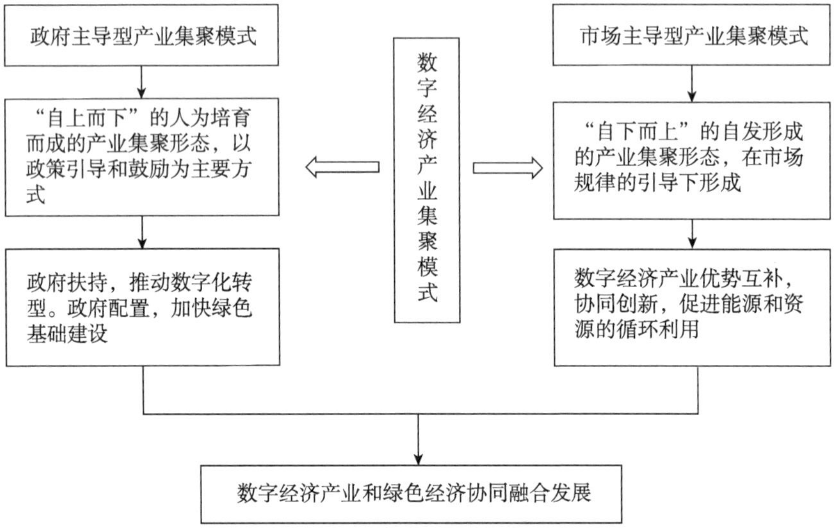

图 6-6　绿色发展视域下政府主导型产业集聚模式和市场主导型产业集聚模式

位于广东省东莞市寮步镇的松湖智谷产业园就是这种集聚模式的典型代表。松湖智谷产业园由大型企业开发运营，以自身强大的产业集聚力从获批园区建设用地开始就吸纳了大量以高端电子信息、智能装备、5G 大数据、物联网为主导的企业，其中国家高新技术企业 86 家、行业龙头企业 25 家，同时还有 34 家是华为、VIVO、小米等知名品牌企业，带动了整个集聚区的协调发展，打造了一种新型数字经济产业集聚区。松湖智谷产业园近年来发展势头良好。松湖智谷数字经济集聚区让更多企业共用减排设施，共享信息资源，提高了能源使用效率，实现资源利用循环化，分摊了减排成本，解决了信息不对称和数字经济人才匮乏的问题。

6.3 绿色发展视域下数字经济产业集聚实施路径与优化

6.3.1 数字经济产业结构绿色化

要实现数字经济产业结构绿色化，就应该对数字经济产业集聚区内产业结构进行优化调整，以最大限度地发挥专业化集聚和多样化集聚对产业结构绿色化的促进作用。

一是要持之以恒地推进集聚区供给侧结构性改革，坚持淘汰落后产能、高耗能企业，降低能耗物耗，减少污染物排放，即完善落后产能、高污染的数字经济企业在集聚区的退出机制；调整降低集聚区高耗能数字经济企业比重，严格执行能源“双控”政策，降低集聚区整体碳排放强度，从而推进高耗能、高污染数字经济企业的“瘦身”工作，降低低效率数字经济企业在集聚区的占比。

二是加快发展生态利用型、循环高效型、低碳清洁型和环境治理型数字经济企业，建设有鲜明特色的绿色数字经济产业集聚区，即推动低耗能、高转化率数字经济企业的发展和对其他落后数字经济企业的合并；坚决限制“两高”数字经济企业进入，在增加集聚区内数字经济企业绿色竞争的同时，确保领头数字经济企业的绿色创新活动开展能力，做好大中型数据中心、网络机房等高耗能数字基础设施的绿色建设和改造，建立绿色运营维护体系。

三是坚持数字经济产业结构绿色化，在集聚区引导企业进行绿色低碳升级改造、赋能绿色经济发展，即调整数字产业结构，推动数字经济产业加快绿色化转型。第一，要以数字技术赋能绿色化创新，通过清洁技术改进、管理模式革新等，变革现有生产模式，构建安全低碳高效能源体系，建立完备的绿色低碳循环生产方式，助力数字经济产业加快“脱碳”。第二，要加强数字技术在节能增效方面的应用，充分运用新型数字技术赋能数字经济各产业各环节绿色转型，实现能源消耗和碳排放数据的实时监测、监管与核算，系统提升能源资源利用效率。第三，要强化数字化对产业绿色转型升级的引擎作用，加快集聚区企业“上云用数赋智”，为数字经济企业提供智能高效的能源管理方案，打通产业链上、下游互联互通、协调运作的数据资源通道，实现生产效率和用能效率双提升，推动数字经济产业集聚区的整体绿色转型。第四，要提升集聚区数字赋能服务水平，针对不同子领域、不同规模数字经济企业提出个性化赋能方案，深化数字化与绿色化协同发展的典型培育，以领头企业数字技术赋能带动中小企业跟进转型，提高数字化应用绿色经济的普及程度。

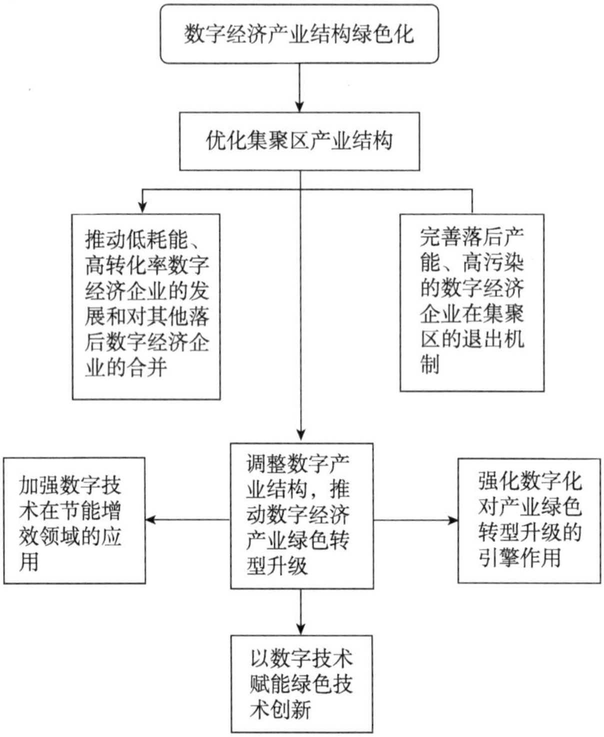

图 6-7　数字经济产业结构绿色化路径

6.3.2　科技创新助力绿色数字技术供给能力提升

数字经济集聚发展能借助提升地区创新效率影响绿色全要素生产率的变动，这需要数字技术的创新与迭代应用。只有通过不断扩大数字技术领域的革新，大力发挥数字技术在集聚区绿色发展中的基础性作用，不断推进绿色技术创新的供给侧结构性改革，完善绿色数字技术创新产业链布局，加强核心数字新兴技术供给和加快绿色技术创新的整体布局，深入推进数字经济与绿色经济融合发展，才能实现通过科技创新提升集聚区绿色数字技术供给能力的目标。

一是探索数字基础设施的绿色创新，实现数字经济产业绿色转型发展。持续改善数据中心的选址，支持数据中心在布局优化、技术创新、绿电直购、储能及梯次利用等方面开展积极探索，进而推进绿色数据中心的建设；管理集聚区内数字基础设施建设和运营全生命周期节能降碳，包括选择靠近可再生能源富集地区和冷凉气候资源丰富地区布局数据中心等基础设施；提升运行过程中清洁能源电力使用比例、创新冷却技术，减少运营阶段碳排放；推进淘汰电子设备梯次利用与废弃设备回收与资源化利用，降低环境污染和碳足迹。

二是发挥数字经济在赋能产业集聚区绿色发展中的潜力，优化绿色数字技术产业链。不断加强数字与绿色技术基础研究和人才培养能力，重视政产学研金用一体化，鼓励多渠道开展高技术高技能创新人才的培育；加快培育数字与绿色产业关键共性技术研发服务和成果转化的新型机构；深度推进绿色数字技术预测，发布绿色数字技术和产品需求引导目录，助力集聚区内企业增进绿色数字技术研发和成果应用；健全绿色数字技术标准，强化数据安全风险防范和绿色数字技术知识产权保护。健全数字经济与绿色技术转移和成果转化体系，协同推进污染防治领域数字化关键技术。积极发展节能环保数字经济产业集聚区。培育数字化服务型企业，鼓励其研制绿色数字化解决方案，用好行业数据，提高集聚区内绿色发展效能。推动节能环保绿色产业与人工智能、云计算、大数据等数字经济产业融合，推进集聚区绿色产业智能化。

三是促进集聚区数字化转型全面深化发展，激活数字化与绿色化协同发展效能。努力开拓数字创新技术在绿色相关领域的应用场景，推进数字技术同清洁生产、新能源开发、绿色智造等方面的有机融合，提升集聚区中绿色发展进程中的数字化水平。加快集聚区内新型数字技术在既往设备中的应用，稳步提升传统设备生产过程的数据采集和过程智能化水平，降低资源耗费，增加产业集聚绿色附加值。积极践行对落后地区和中小企业绿色化和数字化转型的扶持，为上述主体绿色数字化转型提供创新型技术支持。推进数字化绿色化协同发展的试点示范，积极探索可复制、可推广的集聚区发展经验并向社会推广应用。

6.3.3　促进数字经济产业集聚区节能减排

促进数字经济产业集聚区节能减排，一方面是淘汰或用新技术改造高耗能数字经济产业，降级数字经济集聚区发展的能源消耗量，同时积极开发利用新能源，替代化石燃料，推动能源消耗低碳化。数字经济集聚区发展需要充足的能源支撑，然而绿色可持续发展更需要能源结构向清洁可持续逐步调整。缓解能源压力并实现能源消耗低碳化并不能一蹴而就，而是一个需要长期坚持的过程，须采取以下措施。首先，要对传统化石类能源实现以技术创新为发展核心的模式改造，分级、分层、分质加以利用，并通过利用大数据、人工智能等数字技术，充分提高集聚区能源综合利用效率。如上海普陀区的桃浦智创城是一个聚焦“智慧、智造、健康”的高端化产业集聚区，其充分利用物联网、大数据、人工智能技术，提高产业集聚区资源使用效率，成为国内零碳智慧园区之一。其次，要推动数字产业聚集和纵向合作，在集聚区内部鼓励构建能源深加工体系，通过数字化精确管理，使同一类能源在不同使用阶段服务于不同的数字企业，减少能源浪费，使能源产业向数字化、精细化和高端化发展。再次，要推进数字经济集聚区能源结构绿色化，稳步降低对化石能源的依赖，坚持化石能源回归“原料化”，同时加大绿氢、光伏、风电等绿色能源在能源消耗中的比例。最后，还要完善生态保护机制，强化政府监管功能，通过政策干预和数字化监管来约束和减少集聚区内高耗能类数字经济企业的生产，对清洁新能源的使用进行经济补贴，同时布局新材料、新能源并发挥集聚区数字经济产业的优势，达到监管和治理意义上的能源结构数字化、现代化。

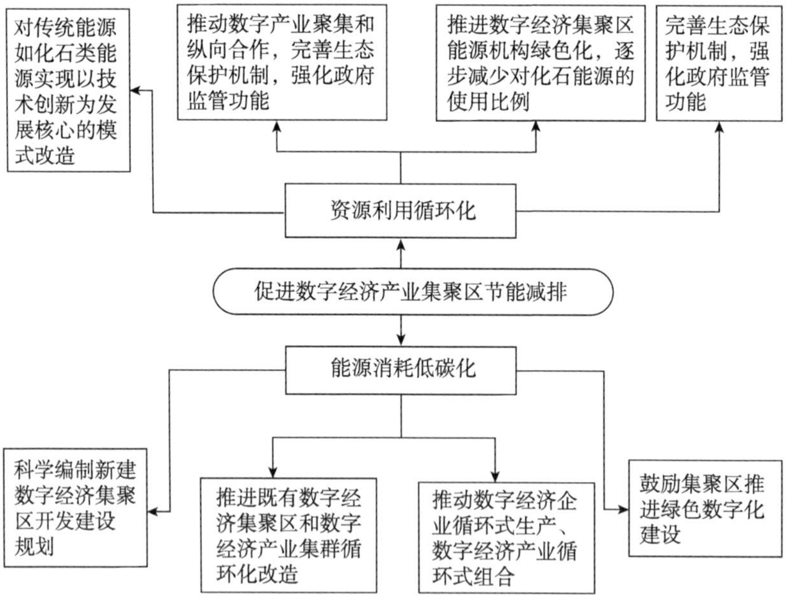

图 6-8 促进数字经济产业集聚区节能减排路径

促进数字经济产业集聚区节能减排，另一方面是通过推进数字经济集聚区资源利用循环化、加强资源综合利用、推进数字经济集聚区废弃物协同处置，构建资源循环型数字经济产业体系，提高资源利用效率。要推进集聚区资源利用循环化，需要提升数字经济集聚区和数字经济产业集群循环化水平。

一是科学编制新建数字经济集聚区开发建设规划，依法依规开展域内环境影响评价，加强市场和环境准入，建立健全数字经济循环产业链条，推进数字经济产业循环与耦合；二是推进现有数字经济集聚区和数字经济产业集群循环化革新，可以制订个性化循环改造方案，充分发挥数字化优势，推动数字公共基础设施共建共享、资源循环利用和污染物集中安全处置等；三是推动数字经济企业循环式生产、数字经济产业循环式组合，加强集聚区产业循环数字化链接，通过数字化系统对可循环资源进行监控整合，促进废弃物综合利用、能量梯级利用、水资源循环使用，积极推广集中供气供热，积极利用余热余压、废水废气废液，推行热电联产、分布式能源及光伏储能一体化系统应用，实现数字化绿色低碳循环发展；四是支持集聚区建设绿色数字园区绿色工厂，实现流程数字化、生产集约清洁化、原料无害化、废弃物资源化、能源低碳化、建材绿色化等；五是建设园区公共信息数字化服务平台，加强园区物流数字化管理。

6.3.4 提升数字经济环境承载力

建设数字中国，是适应新时代的重要战略部署。发展绿色经济要把握数据化、智能化方向，找准数字技术和我国绿色经济发展的契合点与发力点。通过不断完善绿色基建物质基础建设，持续提升数字经济环境承载能力，更加高效地推动经济发展，改善发展环境，提高发展质量，保护发展成果。

一是促进集聚区数字基础设施提能节效。对集聚区内传统耗能设备要实施管理措施的优化，以改善数字基础设施的能耗问题。如要强化顶层设计，巩固提升数字基础设施的绿色低碳引领；健全集聚区数字基础设施产业使用可再生能源的激励机制，大力发展储能技术，实现清洁能源替代化石能源的低碳发展；循环利用数据运行时产生的废热，以提高其能源利用效率等。

二是数字化行业解决方案提升集聚区内能源使用效率，以数据价值挖掘赋能绿色化。数字化解决方案通过在集聚区内打通技术、数据、行业知识的链条，以终端数字技术实时采集得到的监测数据，基于应用场景的虚拟化模型，优化能源使用和生产运行方案，促进集聚区生产过程高效化、低碳化。在数字产品制造领域，互联网作为集聚区内垂直领域数字化的整体解决方案，不仅助力单一数字企业实现研发设计、生产制造、物流运输、回收利用等各环节的数字化追踪监测分析，实现按需供给、高效生产，减少碳排放，实现企业节能增效，同时基于数字企业间的数据打通实现产能共享、要素共享，提高数字产品制造产业链上下游资源利用效率，降低行业碳排放。在数字化建筑领域，分布于建筑楼宇内外墙、空调系统、电梯系统的5G、传感器等模块，优化集聚区建筑设备运行，降低空转率，减少能耗与排放。

三是提升数字技术在集聚区生态环境保护与修复中的广泛应用。一方面是利用大数据实时获取、精准识别集聚区内生态环境信息，开展环境容量分析与环境形势研判，为集聚区制订生态环境保护专项规划编制、可再生能源开发利用规划、绿色发展绩效评价考核指标体系等提供可靠依据，探索推进生态环境治理体系和治理能力现代化、绿色经济数字化。另一方面是加快拓展“生态云”平台功能，提升集聚区数据的深度挖掘和融合应用水平，应用大数据、物联网、工业互联网、人工智能等数字技术开展环境事故监测预警，及时规避“数据烟囱”、信息孤岛难题，构筑起智慧高效的集聚区生态环境管理数字化体系，促进“水环境、空气、土壤”一体化调控、上下游协同治理。

6.3.5 提高数字经济集聚区生态安全水平

习近平总书记多次强调“加快传统产业数字化智能化绿色化发展，促进产业数字化、数字产业化”。推进数字经济发展，强化数字经济产业的空间集聚，须着力提升集聚区生态安全水平，尽量规避因数字经济产业集聚而对环境造成负面影响，从而保障产业生态环境支撑。也就是说，要推动数字经济产业生态化与生态产业化协同发展，实现产业集聚绿色可持续，增进集聚生态效应。数字经济产业生态化立足于数字经济产业与自然资源环境的融合，实现经济与生态、社会效益的多维统一。其核心就是实现数字技术要素与生态需求有机结合，借助数字生产力发展生态产业，进而拓展生态发展空间；数字经济生态产业化将立足于生态资源优势，使生态优势变成数字经济优势。其实质是运用数字技术对生态产业进行系统革新改造，提升数字技术在生态经济体系中的贡献度，进而充分发挥其对生态经济的放大、叠加、聚合、倍增、乘数效应。

要始终坚守数字经济产业生态化的基本精神，着力培育发展新动能，推动数字经济产业集聚区生态化“鼎新”。一是以生态化为基本原则，加强数字经济集聚区的生态标准建设，把资源消耗、环境损失、生态绩效等生态文明建设情况指标纳入数字经济体系中，使生态环境安全成为带动数字经济高质量发展重要指引和约束。例如，在数字经济产业集聚区内扎实推进“数字规制”“数字监管”“数字治污”等创新活动，努力改善区内环境质量。二是在数字经济集聚区规划和推进中，要增加生态环境因素考量，提高生态环境因素在产业中的权重，使数字经济提供经济效益的同时，还能供给丰富的生态产品，推动集聚区绿色低碳化。例如，通过运用大数据、云计算、区块链、人工智能等先进技术带动区内管理理念、模式、手段的创新，让集聚区更智慧、更绿色。三是着力于集聚区生态领域减污、减排、生态保护和修复等关键性需求，充分激发数据要素潜力，推动5G、互联网、大数据等创新技术同生态产业有机融合，以关键技术突破支撑能源、建筑等重点行业绿色低碳发展，从而实现整个集聚区可持续发展。

要牢牢把握数字经济生态产业化的要求，着力推动数字经济生态产业化“革故”，即提升既有动能。首先要推进先进且适用数字创新技术在生态环保行业中的推广使用，实现数字经济集聚区生态环境提质增效。例如，在集聚区内实施“互联网+”绿色生态行动计划，助力普惠性“上云用数赋智”服务等。其次是大力推进数字“三新”经济向生态环保领域渗透，实现数字经济集聚区内生态数字化转型。例如，引入无人机自动巡检，研发“智慧+产业园区”等新场景、新应用等。此外，还可以利用数字技术革新集聚区内生态环保领域的传统产业，实现生态产业网络化、智能化、精准化等。例如，使用各类新型信息技术手段赋能域内农业生产、经营、管理、服务数字化转型，深入推进智慧农业和数字乡村建设，实现乡村振兴和美丽乡村有机融合。

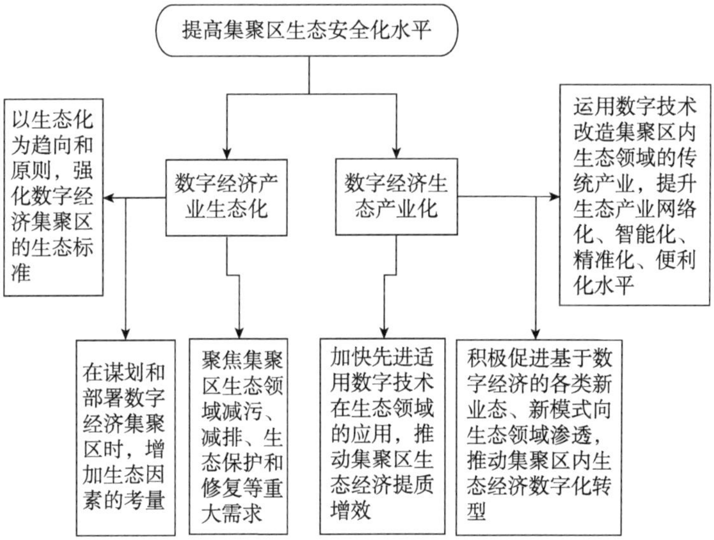

图6-9　提高集聚区生态安全化水平路径

6.3.6　健全数字经济绿色治理制度化体系

国务院在《“十四五”数字经济发展规划》中指出“要转变传统发展方式，加快补齐短板弱项，提高我国数字经济治理水平，走出一条高质量发展道路”。推动数字经济产业绿色平稳发展，最根本的就是建立健全绿色治理制度化体系。具体来说，便是需要落实好政府的主体地位，使其充分发挥对环境规制合理监管和有效激励的职能，并积极推进相关规制的建立与完善。

一是要强化政府主导作用。通过中央生态环境保护督察和生态文明建设目标评价考核体系，进一步筑牢各级政府加强环境治理的责任意识，构建现代环境治理体系，并在地区环境承载能力范围内合理承接数字经济产业转移，指导耦合失调集聚区引进高度协调集聚区的先进数字化理念和技术，加强集聚区合作与交流，促进数字经济产业集聚区和生态环境耦合协调关系发展，扩大耦合协调集聚范围，通过建立利益分享与污染补偿机制等方式共同实现环境污染的数字化治理。

二是要积极推动绿色数字经济相关法律、规则和制度的建设和完善，发挥环境规制的激励约束机制。第一，建立健全法律法规体系。在加强数字经济产业绿色设计、强化产业清洁生产、提升资源数字化使用效率、发展数字循环经济、施行环境大数据信息公开等方面着力，逐步完善相关法律法规。加强数字化执法监督，做好相关司法、执法及监察等部门工作的数字化衔接，加大惩处违法的力度。第二，建立健全绿色标准、认证体系和数字化统计监测制度。立足顶层设计和系统规划，构建完备可执行的数字经济产业绿色标准体系。推进产业标准化机构建设，引导数字经济产业绿色产品认证制度建设，培育一批认证机构。强化数字经济集聚区内清洁生产、节能环保等领域数字化统计监测，进而实现大数据统计信息资源的共享。

6.4 本章小结

本章基于绿色发展视域，首先从规模化绿色化助力高质量发展、制度优化与完善的需求、能源消费调整和高效利用、绿色低碳技术变革、产业组织结构的绿色转型五个方面分析了数字经济产业集聚动因，并从数字经济国家战略、结构优化动力、技术创新与国际合作等维度剖析了数字经济产业集聚的机遇，进而还明确了数字经济产业集聚与绿色发展融合面临的数字经济产业粗放式布局、关键绿色低碳数字技术面临“卡脖子”、数字经济发展不平衡导致能耗绿色转型不同步、国际冲突不确定风险等多重问题与挑战。

其次，在绿色发展视域下分析了数字经济产业集聚助力经济、生态和社会发展目标的有效实现，从而系统分析了当前数字经济产业集聚与绿色发展融合的 4 种较为可行且成熟的模式，具体包括：专业化产业集聚模式、多样化产业集聚模式、政府主导型产业集聚模式和市场主导型产业集聚模式等。

最后，本章还从数字经济产业结构绿色化、科技创新助力绿色数字技术供给能力提升、促进数字经济产业集聚区节能减排、提升数字经济环境承载力、提高数字经济集聚区生态安全水平和健全数字经济绿色治理制度化体系 6 个方面，分析了绿色发展视域下数字经济产业集聚实施路径及优化举措。

7 主要结论、研究不足及建议

7.1 基本观点和主要结论

本研究依托数字化和绿色化双转型的战略大背景，基于问题导向为原则破题数字经济产业集聚赋能绿色发展，但区别于仅仅从单向维度考察数字经济集聚对绿色化发展作用机理及效应的研究范式，该项研究同时还聚焦数字经济与绿色发展融合共生角度，考察数字经济产业集聚路径优化问题。主要研究内容相应结论如下：

7.1.1 绿色发展视域数字经济产业集聚态势和特征方面

主要结论有：2013—2020年，我国电信业和互联网业务得到了迅速发展，同期电子及通信设备制造业企业数量的增长速度远高于电子计算机及办公设备制造业的企业数量，且两个产业的企业主要集聚在广东省和东部地区。相似地，2003—2020年，我国计算机制造业、电子及通信设备制造业和信息传输、计算及服务业从业人数都有一定程度的增长，3个细分产业企业的从业人数主要集聚在东部地区。

综合分析各省份的数字经济产业集聚水平与上年的变化情况，不难发现，不同的省份，其优势与其他省份的数字经济产业集聚模式不同，并且每个省份均有其大力推进的数字经济产业集聚模式。但与此同时，各个省份所大力推进的数字经济产业集聚模式可能与其现阶段优势和其他省份的数字经济产业集聚模式并不相同；通过对比两种产业集聚模式下四大区域数字经济产业集聚水平可知，不同经济发展水平的区域，其优势和其他区域的数字经济产业集聚模式不尽相同。同时，因区域经济水平的差异，各区域数字经济产业发展阶段和发展情况也存在差异，使不同区域同一集聚模式下的数字经济产业集聚水平的发展态势不尽相同，同一区域不同集聚模式下的数字经济产业集聚水平的发展态势也不尽相同。此外，通过计算区域的数字经济产业集聚水平可以发现，2007年至2020年，华北地区、东北地区和西南地区的数字经济产业专业化集聚一直处于较高水平，华东地区和中南地区的数字经济产业专业化集聚水平则相对较低。但在低水平的数字经济产业专业化集聚下，华东地区却拥有远高于其他区域的数字经济产业多样化集聚水平。与之形成鲜明对比的是，华北地区和东北地区的数字经济产业多样化集聚水平则基本处于末两位，与其数字经济产业专业化集聚排名情况也大相径庭。除此之外，我国具有数字经济产业专业化集聚发展优势和数字经济产业多样化集聚发展优势的区域也存在差异，并在一定程度上相对立。同时，从数字经济产业集聚发展趋势看，华北、华东、中南、西南和东北五个区域的数字经济产业专业化集聚的发展趋势并不明显。由此可见，除了区域间经济水平的差异会影响区域数字经济产业集聚水平外，区域间地理位置的差异也会对区域数字经济产业集聚产生影响。而处于不同地理位置的区域，其优势与其他区域的数字经济产业集聚模式也存在一定差异。同时，在不同的数字经济发展阶段，同一集聚模式下的数字经济产业集聚水平不同。另外，政府的支持政策会敦促数字经济产业集聚向适合现阶段数字经济产业发展的集聚模式变化，从而充分发挥数字经济产业集聚对数字经济及数字经济产业的促进作用。最后，目前我国部分地区已经开始尝试践行数字经济产业集聚的发展，并将绿色发展融入其中，主要包括“技术创新+数字经济产业集聚”的绿色实践模式和“低碳能源+数字经济产业集聚”的绿色实践模式。

7.1.2 数字经济产业集聚的绿色效应实证分析方面

通过构建空间杜宾模型和中介效应模型分析研究了数字经济核心产业集聚绿色发展的空间效应和内在作用机制，研究结果有：一是数字经济核心产业集聚对本地二氧化碳的排放具有显著抑制作用，随着本地数字经济核心产业集聚程度的加深，本地二氧化碳排放量会随之减少。二是数字经济核心产业集聚会显著影响相邻地区的二氧化碳排放。其中，数字经济核心产业专业化集聚对二氧化碳排放具有正向的空间溢出效应，而数字经济核心产业多样化集聚则会抑制相邻地区的碳排放，这是由于专业化程度的加深会诱发“技术锁定”效应，从而阻碍了区域间技术流通，继而使相邻地区碳排放量增加。三是数字经济核心产业集聚主要通过能源消费结构、产业结构优化升级和技术创新机制影响区域碳排放。进而要加快产业数字化转型步伐，并借助政策引导实现数字经济核心产业绿色发展和高质量集聚，同时须调整优化数字经济核心产业布局和集聚模式进行合理的规划与布置。此外，要注重数字经济核心产业集聚对碳排放的空间效应，并加强区域间合作交流。最后，则要强化技术创新，提高能源使用效率。

7.1.3 绿色发展视域下数字经济产业集聚的国内局部实践方面

从总体来看，目前国内数字经济核心产业集聚区绿色化发展成效显著，其绿色化实现过程主要源于三方面。一是产业数字化发展的外部性效应。数字经济产业发展对传统产业进行了数字化赋能改造，在追求更高发展竞争力的过程中提高了产业发展效率、降低了产业能耗，带来了绿色化外部性效应。二是数字核心产业集聚区自然地理特征优势带来的绿色化。数据中心作为数字经济产业的重要组成部分，其耗能特征是产业发展的主要问题，而在我国数字经济发展布局中，呈现了“东数西算”的基本格局，西部地区利用自身温度、水电优势降低了产业能耗，实现了数字经济产业本身的绿色化发展。三是产业发展过程中人为干预的绿色化。贵州、四川在数字经济发展过程中，皆提出了绿色专项行动或绿色化发展指导意见，通过改进信息技术、合理产业布局、实施碳减排方案等措施稳步推进绿色化发展进程。

从长远来看，我国数字经济在发展过程中，与绿色化发展的融合效应越来越明显，已逐步确立了基本方向，但具体发展成效还有待进一步检验。同时，如何缩小与发达国家在数字经济绿色化水平上的差距，仍是我们需要进一步探索求证的现实课题。

7.1.4 绿色发展视域下数字经济产业集聚的路径分析方面

首先，从规模化绿色化助力高质量发展、制度优化与完善的需求、能源消费调整和高效利用、绿色低碳技术变革、产业组织结构的绿色转型五个方面分析了数字经济产业集聚动因，并从数字经济国家战略、结构优化动力、技术创新与国际合作等维度剖析了数字经济产业集聚的机遇，进而还明确了数字经济产业集聚与绿色发展融合面临的数字经济产业粗放式布局、关键绿色低碳数字技术面临“卡脖子”、数字经济发展不平衡导致能耗绿色转型不同步、国际冲突不确定风险等多重问题与挑战。随后，在绿色发展视域下分析了数字经济产业集聚助力经济、生态和社会发展目标的有效实现，从而系统分析了专业化产业集聚、多样化产业集聚、政府主导型产业集聚和市场主导型产业集聚等当前较为可行且成熟的模式。进而还从数字经济产业结构绿色化、科技创新助力绿色数字技术供给能力提升、促进数字经济产业集聚区节能减排、提升数字经济环境承载力、提高数字经济产业集聚区生态安全水平和健全数字经济绿色治理制度化体系等分析了绿色发展视域下数字经济产业集聚实施路径及优化举措。

7.2 研究不足及展望

结合导论章节所提出的研究问题、目标、研究思路及论证分析结论来看，本项研究的目标基本达成，但受制于数据的可获得性和质量、研究工具和方法等和技术有关的因素、笔者的研究分析能力，以及数字经济产业集聚与绿色发展融合共生系统的前瞻性和复杂性，还有一些问题尚需在未来加以深入分析和探究。

第一，在构建绿色发展视域下数字经济产业集聚机理及效应的理论框架时，预期是侧重从共生融合视域探究数字经济产业集聚绿色发展机理及效应问题，而不仅仅从数字经济产业集聚赋能绿色发展的单侧作用视域。但受制于相关理论研究的相对欠缺性，以及数字经济与绿色发展融合实践的相对前沿新颖性，具体研究时仍较多聚焦于数字经济产业集聚通过专业化和多样化集聚形式，带来绿色发展的直接效应和间接效应，而绿色发展对数字经济产业集聚的反向诉求有一定考虑。但这一块论证得还不够，期待后续随着理论和实践的逐步丰富，立足于数字经济产业集聚与绿色发展融合共生和双向奔赴的维度，对该理论分析框架做进一步优化调整。

第二，在数字经济产业集聚绿色发展效应的实证分析中，鉴于数据的可得性和质量等制约因素，为确保变量指标在满足理论机理分析基础上数据可得性和指标可比性，空间计量模型中使用了绿色发展水平的替代变量之一——碳排放量进行论证分析。碳排放量控制作为绿色发展关键内容常被用于评判绿色发展情况，但事实上该指标尚不能全面表征数字经济产业集聚的绿色发展能力和水平，因而，有待就绿色发展相关指标和数据的完善与细化，进一步优化调整对绿色发展的测算和评价，进而获得数字经济产业集聚绿色发展效应更为全面、系统且精准的结果。

7.3 推进数字经济产业集聚与绿色发展融合共生的建议

第一，牢牢牵住制度建设“牛鼻子”。鉴于数字经济产业集聚和绿色发展战略融合共生的长期性和艰巨性，须统筹全局，坚持先立后破，深刻认识到先稳住碳排放存量、严控增量，然后向“零碳”平稳过渡的减碳顺序。积极发挥“双碳”战略对数字经济产业减碳行动的纠偏作用，加速数字化转型和变革进程。稳步推动数字核算和相关标准建设，规避运动式“减碳”带来去产能的过度化和经济社会秩序失序。推动形成政、产、学、研、民协同共进的跨界工作机制，优化各类资源配置，积极应对数字化赋能绿色发展转型过程中可能伴生的社会经济风险，确保平稳降碳。着力以低碳经济与数字经济的融合发展为抓手，提升发展能级和创新水平、打通经济循环堵点、促进区域协调发展，首先东部地区要强化示范引领作用，其次内陆地区要加快培育多个低碳转型、数字化发展高地，最后欠发达地区则要着力提升其内生发展动力。

第二，强化数字低碳技术创新和迭代应用。高度重视“十四五”开局起步窗口期，紧紧面向能源、工业、交通运输、农业、城乡建设等节能减排关键领域，加大科技创新力度。立足创新驱动，通过“赛马制”开展关键共性核心技术突破式创新，稳步提升数字绿色技术研发水平。加大低碳数字孪生计划支持力度，着力5G、人工智能、大数据、区块链、云计算等新型信息技术在各行业融合应用，增强全场景数字化发展活力。不断加大科技创新投入，推动能源电商、智慧车联网等与前沿技术的融合，加快形成以数字化新型电力系统为核心的能源互联网产业生态圈建设。建立健全碳达峰碳中和标准计量体系，加强与国际标准衔接，完善碳排放数字化管理与应用。抢抓技术迭代机遇，推动工业和农业领域“脱碳”“零碳”数字技术突破，促进绿色数字技术创新和产业发展，夯实数字经济和绿色发展深度融合的基础，繁荣数字化应用场景，壮大绿色发展主战场。

第三，促进面向绿色发展的数字基础设施平衡发展。建立健全绿色数字基础设施，稳步提升“零碳”“低碳”数据中心集群等基础设施建设的均衡和协调性。加大中西部城乡和农业产业数字基建的投资力度，借助政策和市场手段激励发达地区、中心城市的可数字化服务资源向欠发达地区、老少边地区覆盖，同时通过新型数字基础设施建设，让生态保护功能突出的地区通过相关交易平台实现生态产品价值功能。推进中小微企业数字化转型，推动工业互联网等信息技术赋能降碳，并支撑各类数字经济产业园区资源高效利用。发挥龙头企业带动作用，不断健全数字经济上下游产业生态，支持行业头部企业成为减排或零排放先行者，引领数字化赋能绿色发展前沿阵地，从而丰富绿色低碳经济新模式、新业态。

第四，通过提高数字经济产业发展韧性助推绿色发展战略施行。谋求数字化降碳核心技术安全可控，巩固数字经济产业集聚与绿色低碳自主创新基石。做好数字经济与绿色发展创新人才培育和引进工作，有效激发数据资源和数字技术生态潜能，增强数字化与“双碳”战略协同推进和融合发展韧性。制定绿色数字城市标准，探索绿色数字发展的价值实现机制，以数字化赋能城乡绿色低碳转型。加快推进国家数字经济创新发展试验区建设，探索打造国家绿色发展标杆产业园区工作机制。统筹“发展”与“安全”两件大事，坚守数据和网络信息安全保障底线，加快构建数字应急产业生态体系。推进碳排放数据确权和分类分级管理，畅通数据开放和共享技术渠道，实现绿色发展与低碳排放的数字化核算和监管。

参考文献

［1］白争辉，原珂．数字经济发展与产业结构升级的就业效应实证研究［J］．兰州学刊，2022（3）：62-73.

［2］班娟娟，郭倩，王文博．充分利用大数据优势　发展数字产业集群［N］．经济参考报，2022-09-08（007）.

［3］蔡绍洪，谷城，张再杰．中国省域数字经济的时空特征及影响因素研究［J］．华东经济管理，2022，36（7）：1-9.

［4］蔡乌赶，周小亮．中国环境规制对绿色全要素生产率的双重效应［J］．经济学家，2017，9（9）：27-35.

［5］蔡跃洲．数字经济的增加值及贡献度测算：历史沿革、理论基础与方法框架［J］．求是学刊，2018，45（5）：65-71.

［6］曾可昕，张小蒂．数字商务与产业集群外部经济协同演化：产业数字化转型的一种路径［J］．科技进步与对策，2021，38（16）：53-62.

［7］陈梦根，张鑫．数字经济的统计挑战与核算思路探讨［J］．改革，2020（9）：52-67.

［8］陈晓红，胡东滨，曹文治，等．数字技术助推我国能源行业碳中和目标实现的路径探析［J］．中国科学院院刊，2021，36（9）：1019-1029.

［9］陈影，文传浩，沈体雁．成渝地区双城经济圈绿色发展效率评价及时空演变研究［J］．长江流域资源与环境，2022，31（5）：1137-1151.

［10］陈禹静．中国工业绿色高质量发展的时空格局演变及驱动因素分析［J］．学术论坛，2022，45（3）：60-71.

［11］陈岳飞，赵鑫，于连超．数字经济风险防范方略：法治化治理［J］．上海经济研究，2022（5）：121-128.

［12］陈昭，陈钊泳，谭伟杰．数字经济促进经济高质量发展的机制分析及其效应［J］．广东财经大学学报，2022，37（3）：4-20.

［13］程钰，王晶晶，王亚平，等．中国绿色发展时空演变轨迹与影响机理研究［J］．地理研究，2019，38（11）：2745-2765.

［14］程中华，刘军．产业集聚、空间溢出与制造业创新——基于中国城市数据的空间计量分析［J］．山西财经大学学报，2015，37（4）：34-44.

［15］戴钰．湖南省文化产业集聚及其影响因素研究［J］．经济地理，2013，33（4）：114-119.

［16］但斌，张乐乐，钱文华．知识密集型生产性服务业区域性集聚分布模式及其动力机制研究［J］．软科学，2008，22（3）：5-8.

［17］邓聚龙．灰色控制系统［J］．华中工学院学报，1982，10（3）：9-18.

［18］邓荣荣，张翱祥．中国城市数字金融发展对碳排放绩效的影响及机理［J］．资源科学，2021，43（11）：2316-2330.

［19］丁玉龙，秦尊文．信息通信技术对绿色经济效率的影响——基于面板 Tobit 模型的实证研究［J］．学习与实践，2021（4）：32-44.

［20］董玮，祝婉贞，秦国伟．跨区域碳排放协同治理机制与政策设计——基于长三角一体化的案例分析［J］．华东经济管理，2022，36（9）：11-18.

［21］杜伟锦，李红升．信息产业对中国经济增长影响的实证研究［J］．华中科技大学学报（社会科学版），2005，19（1）：95-99.

［22］范正根，邓志康，张普伟，等．生态文明试验区绿色发展效率测度及其影响机理［J］．统计与决策，2022，38（5）：75-79.

［23］干春晖，郑若谷，余典范．中国产业结构变迁对经济增长和波动的影响［J］．经济研究，2011，46（5）：4-16，31.

［24］高鸣，张哲晰．碳达峰、碳中和目标下我国农业绿色发展的定位和政策建议［J］．华中农业大学学报（社会科学版），2022（1）：24-31.

［25］高雅丽．四川数字经济智创未来云上大会举行［N］．中国科学报，2022-05-22.

［26］郭存芝，彭泽怡，丁继强．可持续发展综合评价的 DEA 指标构建［J］．中国人口·资源与环境，2016，26（3）：9-17.

［27］郭丰，杨上广，任毅．数字经济、绿色技术创新与碳排放——来自中国城市层面的经验证据［J］．陕西师范大学学报（哲学社会科学版），2022，51（3）：45-60.

［28］郭付友，高思齐，佟连军，等．黄河流域绿色发展效率的时空演变特征与影响因素［J］．地理研究，2022，41（1）：167-180.

［29］郭付友，吕晓，于伟，等．山东省绿色发展水平绩效评价与驱动机制——基于 17 地市面板数据［J］．地理科学，2020，40（2）：200-210.

[30] 郭付友，佟连军，仇方道，等．黄河流域生态经济走廊绿色发展时空分异特征与影响因素识别 [J]．地理学报，2021，76（3）：726-739.

[31] 郭付友，佟连军，仇方道，等．鲁南经济带城乡绿色发展效率时空分异及驱动因素识别 [J]．自然资源学报，2020，35（8）：1972-1985.

[32] 郭滕达，张明喜．构建市场导向的绿色技术创新体系 [N]．光明日报，2019-08-15（016）.

[33] 郭艳花，梅林，佟连军．产业集聚对绿色发展效率的影响机制——以吉林省限制开发区为例 [J]．地理科学，2020，40（9）：1484-1492.

[34] 郭永杰，米文宝，赵莹．宁夏县域绿色发展水平空间分异及影响因素 [J]．经济地理，2015，35（3）：45-51，8.

[35] 韩楠，罗新宇．多情景视域下京津冀碳排放达峰预测与减排潜力 [J]．自然资源学报，2022，37（5）：1277-1288.

[36] 郝汉舟，汤进华，翟文侠，等．湖北省绿色发展指数空间格局及诊断分析 [J]．世界地理研究，2017，26（2）：91-100.

[37] 何苗．环境规制对省域碳排放差异的影响研究 [J]．煤炭技术，2021，40（12）：234-236.

[38] 何维达，温家隆，张满银．数字经济发展对中国绿色生态效率的影响研究——基于双向固定效应模型 [J]．经济问题，2022（1）：1-8，30.

[39] 何玉梅，罗巧．环境规制、技术创新与工业全要素生产率——对“强波特假说”的再检验 [J]．软科学，2018，32（4）：20-25.

[40] 胡安军，郭爱君，钟方雷，等．高新技术产业集聚能够提高地区绿色经济效率吗？[J]．中国人口·资源与环境，2018，28（9）：93-101.

[41] 胡鞍钢，周绍杰．绿色发展：功能界定、机制分析与发展战略 [J]．中国人口·资源与环境，2014，24（1）：14-20.

[42] 胡晓鹏．产业共生：理论界定及其内在机理 [J]．中国工业经济，2008（9）：118-128.

[43] 华为．全球联接指数 2020：量化数字经济进程 [R]．深圳：华为技术有限公司，2020.

[44] 黄国华，刘传江，徐正华．长江经济带碳减排潜力与低碳发展策略 [J]．长江流域资源与环境，2018，27（4）：695-704.

[45] 黄杰．中国绿色发展效率的区域差异及动态演进 [J]．地域研究与开发，2018，37（4）：13-18，31.

[46] 黄磊，吴传清．环境规制对长江经济带城市工业绿色发展效率的影

响研究［J］．长江流域资源与环境，2020，29（5）：1075-1085.

［47］黄明凤，姚栋梅．研发要素流动、空间溢出效应与区域创新效率：基于省际面板数据的空间杜宾模型分析［J］．科研管理，2022，43（4）：149-157.

［48］黄勤，何晴．长江经济带碳排放驱动因素及其空间特征——基于LMDI模型［J］．财经科学，2017（5）：80-92.

［49］黄跃，李琳．中国城市群绿色发展水平综合测度与时空演化［J］．地理研究，2017，36（7）：1309-1322.

［50］惠献波．数字普惠金融与城市绿色全要素生产率：内在机制与经验证据［J］．南方金融，2021（5）：20-31.

［51］霍海涛，赵轩维，夏恩君，等．中国信息服务业集聚及其影响因素［J］．北京理工大学学报（社会科学版），2017，19（3）：83-91.

［52］纪玉俊，韦晨怡．数字经济对我国服务业集聚空间格局的重塑：基于区域与行业异质性的分析［J/OL］．西安交通大学学报（社会科学版）：1-20［2022-10-12］．http：//kns. cnki. net/kcms/detail/61. 1329. c. 20220920. 1745. 002. html.

［53］蒋海玲，潘晓晓，王冀宁，等．基于网络分析法的农业绿色发展政策绩效评价［J］．科技管理研究，2020，40（1）：236-243.

［54］蒋金荷．可持续数字时代：数字经济与绿色经济高质量融合发展［J］．企业经济，2021，40（7）：23-30，161.

［55］荆文君，孙宝文．数字经济促进经济高质量发展：一个理论分析框架［J］．经济学家，2019（2）：66-73.

［56］蓝庆新，黄婧涵．“一带一路”沿线国家绿色发展水平评价研究［J］．财经问题研究，2020（4）：121-128.

［57］李博，秦欢，孙威．产业转型升级与绿色全要素生产率提升的互动关系——基于中国116个地级资源型城市的实证研究［J］．自然资源学报，2022，37（1）：186-199.

［58］李东海．产业专业化集聚、多样化集聚与区域创新效率——基于空间计量模型的实证考察［J］．技术经济与管理研究，2022（5）：111-117.

［59］李冬莲，肖路平，佟岩．抢抓数字经济战略新机推动贵州数据中心高质量发展研究［J］．贵州商学院学报，2021，34（3）：1-9.

［60］李芳芳，冯艳玲．区域协调发展背景下的中国产业经济研究——2021中国产业经济研究学术年会观点综述［J］．产业经济评论，2022

（1）：13.

［61］李国年．政府支出与碳排放关系研究——基于中国 1980—2011 年数据［J］．经济问题，2014（3）：69-72.

［62］李华，董艳玲．中国经济高质量发展水平及差异探源——基于包容性绿色全要素生产率视域的考察［J］．财经研究，2021，47（8）：4-18.

［63］李健，李宁宁．京津冀绿色发展政策模拟及优化研究［J］．大连理工大学学报（社会科学版），2021，42（4）：14-25.

［64］李健，武敏．双重环境规制、FDI 与绿色全要素生产率——以长江经济带三大城市群为例［J］．华东经济管理，2022，36（1）：31-41.

［65］李金铠，马静静，魏伟．中国八大综合经济区能源碳排放效率的区域差异研究［J］．数量经济技术经济研究，2020，37（6）：109-129.

［66］李君华，彭玉兰．产业布局与集聚理论述评［J］．经济评论，2007（2）：146-152.

［67］李兰冰，李焕杰．技术创新、节能减排与城市绿色发展［J］．软科学，2021，35（11）：46-51.

［68］李蕾．以人民为中心，探索以生态优先、绿色发展为先导的高质量发展新路子［J］．环境保护，2020，48（10）：39-44.

［69］李林汉，岳一飞．基于四阶段 DEA 模型的中国绿色发展效率评价［J］．科技管理研究，2019，39（24）：247-258.

［70］李玲，陶锋．中国制造业最优环境规制强度的选择——基于绿色全要素生产率的视域［J］．中国工业经济，2012（5）：70-82.

［71］李梦娜，周云波．数字经济发展的人力资本结构效应研究［J］．经济与管理研究，2022，43（1）：23-38.

［72］李涛，傅强．中国省际碳排放效率研究［J］．统计研究，2011，28（7）：62-71.

［73］李晓西，刘一萌，宋涛．人类绿色发展指数的测算［J］．中国社会科学，2014（6）：69-95，207-208.

［74］李周．中国经济学如何研究绿色发展［J］．改革，2016（6）：133-140.

［75］梁琦，肖素萍，李梦欣．数字经济发展提升了城市生态效率吗？——基于产业结构升级视域［J］．经济问题探索，2021（6）：82-92.

［76］刘华军，邵明吉，孙东旭．新时代中国绿色发展的实践历程与重大成就——基于资源环境与经济协调性的考察［J］．经济问题探索，2022（9）：

133-147.

［77］刘欢．数字经济的测度：文献综述与研究展望［J］．商业经济，2021（12）：146-147.

［78］刘军，段会娟．我国产业集聚新趋势及影响因素研究［J］．经济问题探索，2015（1）：36-43.

［79］刘曙光，尚英仕．中国东部沿海城市群绿色发展效率评价及障碍因子分析［J］．城市问题，2020（1）：73-80.

［80］刘雪松．深评丨杭州数字经济离“中国第一城”还有多远［EB/OL］. https：//zjnews. zjol. com. cn/zjnews/hznews/201810/t20181019_8521234. shtml.

［81］刘洋，陈晓东．中国数字经济发展对产业结构升级的影响［J］．经济与管理研究，2021，42（8）：15-29.

［82］刘雨婧，唐健雄．中国旅游业绿色发展效率时空演变特征及影响机理［J］．自然资源学报，2022，37（3）：681-700.

［83］刘运材，罗能生．互联网发展对城市绿色全要素生产率的影响——基于全要素生产率分解视域［J］．软科学，2022，36（7）：46-52，61.

［84］卢福财，刘林英，徐远彬．互联网发展对工业绿色全要素生产率的影响研究［J］．江西社会科学，2021，41（1）：39-50，254-255.

［85］逯进，李婷婷．产业结构升级、技术创新与绿色全要素生产率——基于异质性视域的研究［J］．中国人口科学，2021（4）：86-97，128.

［86］伦晓波，刘颜．数字政府、数字经济与绿色技术创新［J］．山西财经大学学报，2022，44（4）：1-13.

［87］罗贤宇，王艺筱．“数字”要素赋能绿色发展［N］．学习时报，2022-10-05（007）.

［88］吕明元，麻林宵．“十四五”时期我国数字经济与实体经济融合的发展趋势、问题与对策建议［J］．决策与信息，2022（2）：66-71.

［89］马爱平．AI“两库一平台”建设　助推电力业务智能化［N］．科技日报，2021-07-26.

［90］马大来，陈仲常，王玲．中国省际碳排放效率的空间计量［J］．中国人口·资源与环境，2015，25（1）：67-77.

［91］马丁，周新．黄河沿岸城市绿色发展效率及影响因素分析［J］．调研世界，2020（12）：3-9.

［92］马双，王振．长江经济带城市绿色发展指数研究［J］．上海经济，2018（5）：42-53.

[93] 马晓君，李艺婵，傅治，等．空间效应视域下数字经济对产业结构升级的影响［J］．统计与信息论坛，2022，37（11）：14-25.

[94] 毛丰付，高雨晨，周灿．长江经济带数字产业空间格局演化及驱动因素［J］．地理研究，2022，41（6）：1593-1609.

[95] 毛维准，刘一燊．数据民族主义：驱动逻辑与政策影响［J］．国际展望，2020，12（3）：20-42，154.

[96] 缪陆军，陈静，范天正，等．数字经济发展对碳排放的影响——基于278个地级市的面板数据分析［J］．南方金融，2022（2）：45-57.

[97] 南财城市通、21世纪经济研究院碳中和课题组．中国净零碳城市发展报告（2022）［R］．广州，2022-06-01.

[98] 聂玉立，温湖炜．中国地级以上城市绿色经济效率实证研究［J］．中国人口·资源与环境，2015，25（S1）：409-413.

[99] 彭育园，李平．促进农业数字化转型与农业双碳战略有机融合［N］．农民日报，2022-01-08（005）.

[100] 钱立华，方琦，鲁政委．刺激政策中的绿色经济与数字经济协同性研究［J］．西南金融，2020（12）：3-13.

[101] 钱易．努力实现生态优先、绿色发展［J］．环境科学研究，2020，33（5）：1069-1074.

[102] 钱争鸣，刘晓晨．我国绿色经济效率的区域差异及收敛性研究［J］．厦门大学学报（哲学社会科学版），2014（1）：110-118.

[103] 屈小娥．中国省际全要素 CO_2 排放效率差异及驱动因素——基于1995—2010年的实证研究［J］．南开经济研究，2012（3）：128-141.

[104] 任保平，李培伟．数字经济培育我国经济高质量发展新动能的机制与路径［J］．陕西师范大学学报（哲学社会科学版），2022，51（1）：121-132.

[105] 任昊．数字产业集聚对区域经济增长效率影响研究［D］．安徽财经大学，2022.

[106] 芮明杰．产业经济学（第三版）［M］．上海：上海财经大学出版社，2010.

[107] 商迪，李华晶，姚珺．绿色经济、绿色增长和绿色发展：概念内涵与研究评析［J］．外国经济与管理，2020，42（12）：134-151.

[108] 邵帅，张可，豆建民．经济集聚的节能减排效应：理论与中国经验［J］．管理世界，2019（1）：36-60.

［109］史梦昱，沈坤荣．人才引进政策的经济增长及空间外溢效应——基于长三角城市群的研究［J］．经济问题探索，2022（1）：32-49.

［110］舒绍福．绿色发展的环境政策革新：国际镜鉴与启示［J］．改革，2016（3）：102-109.

［111］斯丽娟，王佳璐．农村绿色发展的政策文本分析与政策绩效实证［J］．兰州大学学报（社会科学版），2018，46（6）：148-157.

［112］苏东水．产业经济学［M］．北京：高等教育出版社，2010.

［113］苏科，周超．人力资本、科技创新与绿色全要素生产率——基于长江经济带城市数据分析［J］．经济问题，2021（5）：71-79.

［114］汤志伟，李昱璇，张龙鹏．中美贸易摩擦背景下“卡脖子”技术识别方法与突破路径——以电子信息产业为例［J］．科技进步与对策，2021，38（1）：1-9.

［115］陶长琪，彭永樟．经济集聚下技术创新强度对产业结构升级的空间效应分析［J］．产业经济研究，2017（3）：91-103.

［116］田亚鹏，柳晓艺．基于超效率 SBM-DEA 和空间分析的区域绿色发展效率评价［J］．统计与信息论坛，2021，36（8）：56-65.

［117］田刚元，陈富良．经济全球化中的数字鸿沟治理：形成逻辑、现实困境与中国路径［J］．理论月刊，2022（2）：88-94.

［118］田皓森，潘明清．数字金融发展与城市经济绩效研究——空间效应与门槛特征［J］．经济问题，2021（12）：22-28.

［119］田杰，谭秋云，陈一明．数字普惠金融、要素扭曲与绿色全要素生产率［J］．西部论坛，2021，31（4）：82-96.

［120］田金方，李慧萍，张伟，等．中国数字经济产业的关联拉动效应研究［J］．统计与信息论坛，2022，37（5）：12-25.

［121］田相辉，张秀生．空间外部性的识别问题［J］．统计研究，2013，30（9）：94-100.

［122］田泽，严铭，顾欣．碳约束下长江经济带区域节能减排效率时空分异研究［J］．软科学，2016，30（12）：38-42.

［123］万晓榆，罗焱卿．数字经济发展水平测度及其对全要素生产率的影响效应［J］．改革，2022（1）：101-118.

［124］汪彬，张世国．加快构建推动高质量发展的标准体系［N］．学习时报，2021-10-27（A3）.

［125］汪克亮，刘悦，史利娟，等．长江经济带工业绿色水资源效率的

时空分异与影响因素——基于 EBM-Tobit 模型的两阶段分析［J］. 资源科学，2017，39（8）：1522-1534.

［126］王丹，郝雨浓．绿色发展理念的内涵与价值探究［J］. 人民论坛·学术前沿，2021（23）：129-131.

［127］王德平，秦铸清．信息通信技术水平、创新能力与绿色高质量发展的动态关系——基于成渝地区的分析［J］. 生态经济，2022，38（5）：75-81，106.

［128］王海芹，高世楫．我国绿色发展萌芽、起步与政策演进：若干阶段性特征观察［J］. 改革，2016（3）：6-26.

［129］王嘉丽，宋林，张夏恒．数字经济、产业集聚与区域电子商务创新效率［J］. 经济问题探索，2021（9）：156-165.

［130］王莉莉，杨娟，吴智兰．安徽打造数字产业集群的谋与策［J］. 决策，2021（12）：32-35.

［131］王玲玲，张艳国．"绿色发展"内涵探微［J］. 社会主义研究，2012（5）：143-146.

［132］王群伟，周鹏，周德群．我国二氧化碳排放绩效的动态变化、区域差异及影响因素［J］. 中国工业经济，2010（1）：45-54.

［133］王婷，王海天．高技术产业集聚度与生态环境耦合关系演化研究［J］. 科技进步与对策，2020，37（15）：44-53.

［134］王轶辰．大数据引领产业发展成就核心动力［N］. 经济日报，2022-03-24（009）.

［135］王珍珍，鲍星华．产业共生理论发展现状及应用研究［J］. 华东经济管理，2012，26（10）：131-136.

［136］韦伯．工业区位论［M］. 北京：商务印书馆，2010.

［137］卫平，古燚．数字经济对产业结构升级的影响研究——基于创新产出角度的分析［J］. 工业技术经济，2022，41（6）：3-9.

［138］魏丽莉，侯宇琦．专业化、多样化产业集聚对区域绿色发展的影响效应研究［J］. 管理评论，2021，33（10）：22-33.

［139］吴静，朱永彬．数字化与绿色化协同，共促高质量发展［N］. 科技日报，2022-01-04（005）.

［140］吴传清，张冰倩．长江经济带制造业绿色发展效率研究［J］. 学习与实践，2022（5）：32-40.

［141］吴磊，贾晓燕，吴超，等．异质型环境规制对中国绿色全要素生

产率的影响［J］．中国人口·资源与环境，2020，30（10）：82-92.

［142］吴翌琳，王天琪．数字经济的统计界定和产业分类研究［J］．统计研究，2021，38（6）：18-29.

［143］吴玉萍，张云．城市绿色发展效率的时空演变及动态评价［J］．统计与决策，2020，36（11）：58-62.

［144］薛蕾，申云，徐承红．农业产业集聚与农业绿色发展：效率测度及影响效应［J］．经济经纬，2020，37（3）：45-53.

［145］伍尚邱葛．打造新一代数字产业集聚区——贵安新区花溪大学城大数据服务产业发展纪实［J］．当代贵州，2018（20）：74-75.

［146］习近平．论坚持人与自然和谐共生［M］．北京：中央文献出版社，2022.

［147］向云，陆倩，李芷萱．数字经济发展赋能共同富裕：影响效应与作用机制［J］．证券市场导报，2022（5）：2-13.

［148］向云波，王圣云，邓楚雄．长江经济带化工产业绿色发展效率的空间分异及驱动因素［J］．经济地理，2021，41（4）：108-117.

［149］肖卫东．产业地理集聚理论演进：分工—空间外部性视域［J］．云南财经大学学报，2013，29（6）：3-11.

［150］谢云飞．数字经济对区域碳排放强度的影响效应及作用机制［J］．当代经济管理，2022，44（2）：68-78.

［151］徐爱华，刘雯，杨燕．四川省数字经济发展现状及建议［J］．决策咨询，2018（3）：1-4.

［152］徐昊，马丽君．数字经济、资源依赖与绿色经济发展［J］．金融与经济，2022（1）：45-54.

［153］徐清源，单志广，马潮江．国内外数字经济测度指标体系研究综述［J］．调研世界，2018（11）：52-58.

［154］徐维祥，周建平，刘程军．数字经济发展对城市碳排放影响的空间效应［J］．地理研究，2022，41（1）：111-129.

［155］徐英启，程钰，王晶晶，等．中国低碳试点城市碳排放效率时空演变与影响因素［J］．自然资源学报，2022，37（5）：1261-1276.

［156］许桂芬，金永成．数字出版的产业集聚影响因素分析［J］．出版广角，2017（11）：19-22.

［157］薛钢，刘彦龙，颜博．产业集聚、空间溢出与地方政府税收竞争——基于空间杜宾模型的经验研究［J］．经济问题探索，2020（8）：

22-32.

［158］薛挺，胡霞．数字经济促进成都经济发展与转型的难点与对策［J］．山西农经，2020（20）：13-14.

［159］杨光俊．我国风电绿色发展前景分析和政策建议［J］．环境保护，2018，46（2）：17-19.

［160］杨路明，施礼．“一带一路”数字经济产业聚集发展研究［J］．中国流通经济，2021，35（3）：54-67.

［161］杨振，李泽浩．中部地区碳排放测度及其驱动因素动态特征研究［J］．生态经济，2022，38（5）：13-20.

［162］叶胥，杜云晗，何文军．数字经济发展的就业结构效应［J］．财贸研究，2021，32（4）：1-13.

［163］殷为华，陈晓玲．长三角城市群电子信息制造业的空间集聚及生产绩效研究［J］．世界地理研究，2021，30（6）：1241-1252.

［164］于立宏，金玉健．中国采矿业绿色发展的动力特征与政策启示——基于企业异质性视域［J］．资源科学，2022，44（3）：554-569.

［165］余永琦，王长松，彭柳林，等．基于熵权 TOPSIS 模型的农业绿色发展水平评价与障碍因素分析——以江西省为例［J］．中国农业资源与区划，2022，43（2）：187-196.

［166］余姗，樊秀峰，蒋皓文．数字经济发展对碳生产率提升的影响研究［J］．统计与信息论坛，2022，37（7）：26-35.

［167］袁伟彦，方柳莉，罗明．中国工业碳排放驱动因素及其脱钩效应——基于时变参数 C-D 生产函数的分解和测算［J］．资源科学，2022，44（7）：1422-1434.

［168］张聪，汪鹏，赵黛青，等．基于结构分解的碳排放驱动因素及行业影响分析——以广东为例［J］．科技管理研究，2022，42（16）：204-217.

［169］张金喜，苏词，王超，等．道路基础设施建设中的节能减排问题及技术综述［J］．北京工业大学学报，2022，48（3）：243-260.

［170］张军扩，侯永志，刘培林，等．高质量发展的目标要求和战略路径［J］．管理世界，2019，35（7）：1-7.

［171］张林秀，白云丽，孙明星，等．从系统科学视域探讨农业生产绿色转型［J］．农业经济问题，2021（10）：42-50.

［172］张仁杰，董会忠．长江经济带城市绿色发展水平测度与空间关联结构分析［J］．统计与决策，2022，38（8）：118-123.

［173］张少华，陈治．数字经济与区域经济增长的机制识别与异质性研究［J］．统计与信息论坛，2021，36（11）：14.

［174］张素庸，汪传旭，任阳军．生产性服务业集聚对绿色全要素生产率的空间溢出效应［J］．软科学，2019，33（11）：11-15，21.

［175］张腾，蒋伏心，韦朕韬．数字经济能否成为促进我国经济高质量发展的新动能？［J］．经济问题探索，2021（1）：25-39.

［176］张伟，朱启贵，李汉文．能源使用、碳排放与我国全要素碳减排效率［J］．经济研究，2013，48（10）：138-150.

［177］张治栋，赵必武．互联网产业集聚能否缓解地区资源错配——基于长三角 41 个城市的经验分析［J］．科技进步与对策，2021，38（13）：46-54.

［178］赵金凯，杨万平．中国各地区绿色发展效率测算［J］．统计与决策，2017（24）：115-120.

［179］杨志江，文超祥．中国绿色发展效率的评价与区域差异［J］．经济地理，2017，37（3）：10-18.

［180］钟文，郑明贵．数字经济对区域协调发展的影响效应及作用机制［J］．深圳大学学报（人文社会科学版），2021，38（4）：79-87.

［181］周清香，何爱平．环境规制对长江经济带高质量发展的影响研究［J］．经济问题探索，2021（1）：13-24.

［182］周五七，聂鸣．中国工业碳排放效率的区域差异研究——基于非参数前沿的实证分析［J］．数量经济技术经济研究，2012，29（9）：58-70，161.

［183］周小亮，宝哲．数字经济发展对实体经济是否存在挤压效应？［J］．经济体制改革，2021（5）：180-186.

［184］周晓辉，刘莹莹，彭留英．数字经济发展与绿色全要素生产率提高［J］．上海经济研究，2021（12）：13.

［185］诸大建．用国际可持续发展研究的新成果和通用语言解读生态文明［J］．中国环境管理，2019，11（3）：5-12.

［186］邹一南，韩保江．新时代中国经济绿色发展指数研究［J］．行政管理改革，2022（9）：31-43.